寫教案
教學設計的格式與規範

林進材　林香河　著

五南圖書出版公司 印行

自序　教案這樣寫就對了

▶ 場景一：大學師資培育單位

　　教　　授：今天的教材教法就上到這兒，下週二請把你們的教案設計交出來！

　　師 培 生：ㄚ！什麼是教案？是不是上一次學長姊示範教學提供的書面資料？

▶ 場景二：小學辦公室

　　實習教師：黃老師您好，這是我下週語文領域教學的教案設計，請您指導！

　　黃 老 師：千儀老師，妳這些教案的格式不對，請利用時間修改好再交給我。

　　實習老師：哇！教案設計還要有固定的格式？

　　黃 老 師：當然囉！寫教案可不是寫情書哩！

▶ 場景三：中學導師室

　　教務主任：王老師，你下週的教學觀摩教案我已經看過了，教案的內容少了幾
　　　　　　　個重要的項目，有一些內容出現嚴重的錯誤，請你修正好後再提出
　　　　　　　來。

　　王 老 師：是哪些問題？

　　教務主任：教案內容少了課程與教學研究、學生的學習經驗，此外，教學評量
　　　　　　　的標準不對，教學活動流程的用詞需要修正，還有……

　　王 老 師：我的天啊！

▶ 場景四：大學護理系

　　臨 床 教 師：請各位實習護理師將「麻醉病床」的教案提出來報告。

　　實習護理師：有沒有搞錯啊！教案是什麼啊？護理實習也要寫教案啊？

　　臨 床 教 師：沒有教案怎麼知道你們到底會不會？沒有教案怎麼修正你們的動
　　　　　　　　作？沒有教案你們怎麼教病人？

▶場景五：醫學院附設醫院

總　醫　師：歡迎各位主任醫師加入醫學教學的行列，相信透過你們的教學，可
　　　　　　以讓新進醫師更專業。請在二週內將你們的教案繳交給院長祕書，
　　　　　　以便呈給院長檢核。

主任醫師：教案是什麼？帶新進醫師還要教案？教案的內容要有哪些？

總　醫　師：很抱歉！沒有教案怎麼知道你們怎麼帶新進醫師？沒有教案哪來的
　　　　　　品質保證？沒有教案你們怎麼指導？沒有教案……

主任醫師：是！我們一定會準時交上來！

　　本書的重點在於探討寫教案的格式與規範，透過本書內容的閱讀，可以瞭
解什麼是教案、教案要有哪些內容、教學目標要怎麼定、教學方法要如何採
用、教學活動與流程要怎麼決定、教學資源要怎麼選擇、教學評量標準要怎麼
定、寫教案要遵守哪些規範等問題。熟讀本書之後，就可以解決上述的問題，
可以瞭解「教案這樣寫就對了」。

林進材、林香河　2012/7/18

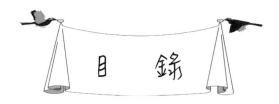

目　錄

第一章　什麼是教案

　　教案是教學活動實施的主要參考架構，同時也是教學活動進行的設計圖，有了完善的教案才能確保教學目標的達成，進而提升教師的教學品質，收到教學的預期效果。本章的重點在於說明教案的相關概念，內容包括：(1)教案是什麼；(2)教案設計工作的程序；(3)教案的格式有哪些；(4)教案有什麼作用；(5)教案的形式有哪些；(6)教案有哪些型態；(7)教案要包括哪些內容；(8)教學設計的模式，說明教案的重要概念，希望透過本章的閱讀，可以瞭解教案的意義和相關概念，並且釐清錯誤的迷思，讓需要寫教案的專業人員，對教案的內容和規範有清楚的概念，寫教案時可以順暢如意。

一、教案是什麼

　　有關教案的意義，容易因為引用理論的差異，與實際應用的差距，而有不同的理解和應用。下文針對教案的意義、與教案有關的名詞、教案與教學的關係，做簡要的說明。

(一)教案的意義

1.文字形式的教學構想

　　教案指的是教師在教學前，針對教學活動與學習活動，進行規劃設計

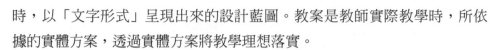

時，以「文字形式」呈現出來的設計藍圖。教案是教師實際教學時，所依據的實體方案，透過實體方案將教學理想落實。

2.文字形式的教學方案

教案是教師將教學規劃過程中，所有相關的因素，透過文字和表格方式所呈現出來的形式。

(二)和教案有關的名詞

教案的定義和應用，在教學活動中，常常和教師計畫、教學設計、教學計畫、課程設計等混為一談，或是被混淆使用。茲將和教案有關的名詞，略做說明如下：

1.教師計畫

教師計畫（teacher plan）指的是教師在進行教育活動前，針對與教育活動有關的因素，所進行的規劃、設計和研擬等系統性的活動，都稱之為教師計畫。教師計畫的形式，通常區分為書面式計畫（written plan）與內心式計畫（mental plan）。書面式計畫是教師在教學之前，將教學所要達成的目標、使用的方法與策略、師生活動與教學資源規劃，事先做妥善的規劃，做為教學上的依據，並且以文字方式呈現出來；內心式的計畫不會以文字方式呈現出來，教師僅在內心中構思教學，是一種心理思考方式的教學計畫。

2.教學設計

教學設計（instructional design）指的是教師在教學前，針對教學活動本身以及影響教學活動、教學成效等因素，進行專業方面的安排與規劃，將影響教學活動成效的各種因素，進行篩選與過濾的歷程，稱之為教學設計。因此，教學設計的意義比較有「價值涉入」的成分。

3.教學計畫

教學計畫（instructional plan）或稱之為教學方案的計畫，是教師在教學前的安排和設計，也是導向未來教學行動的歷程。它是一組基本的心理歷程，透過未來可能結果的選擇、預測及方案的決定，教師自己建構一個可

以引導教學活動的參考架構。教學計畫同時是未來教學活動的藍本，透過各種教學方案，以達成預期的教學目標（林進材，1997）。

4.課程設計

課程設計（curriculum design）的意義是課程理論與課程實施範疇的概念，主要意義在於針對課程目標的內容和標準，選擇相關的經驗，組織相關經驗，並進而達成課程目標的規劃設計歷程。課程設計的概念和教學設計的概念相近，前者指的是課程方面的規劃設計歷程，後者指的是教學方面的規劃設計歷程。課程設計容易被誤為教學設計或教案設計，主要原因在於課程與教學本身的概念有相互重疊之處。課程設計是幾個教學計畫的總和，屬於學校層級的教學設計。

(三)教案與教學的關係

教案和教學之間的關係，是相當密切的。教學活動的實施，必須教師在教學前，針對教學單元內容、教學目標、教材內容、單元概念知識、學生學習經驗、教學時間、教學評量等，進行專業的規劃設計，將所要展現的教學活動與流程，透過文字方式描繪出來，形成單元教學教案。透過教案的撰寫，可以展現教師教學的意圖，以及未來教學活動想要達成的目標。

1.教學活動決定教案的內容

教案的主要內容，是以該單元的教學為主。因此，教案的撰寫必須考慮單元教學的主要目標、教學內容，以及希望學生學會的知識內容。因此，教學活動決定教案的內容，教案的內容必須以該單元的教學活動為依歸。

2.教案決定教學目標的達成

教學活動的進行，主要在於教學目標的達成。因為，教學目標的達成，涉及教師教學活動想要達到的效果，以及學生學習活動的成果。教案的內容決定教學目標是否達成，完善的教案有助於達到教學目標。

3.教學活動引導教案的發展

　　教師在教學設計階段，要考慮教學活動的規劃設計問題，透過教學活動的設計，有助於教師在教學中達成預期的目標。教學活動引導教案的發展，以及教案的規劃設計方向。

4.教案決定教學活動的品質

　　教案在單元教學歷程中，扮演相當重要的角色。因為，教案提供教師教學活動的參考，引導教師教學活動的修正方向，並提供教師是否改變（或修正）教學活動的線索。教案的內容決定教學活動的實施，並攸關教學活動的品質。

二、教案設計工作的程序

(一)良好的教案設計

　　良好的教案設計應該將教學活動相關因素納入教案的設計中，並且給予妥善的安排。完整的教案設計，有助於教學活動順利的進行，確保教學品質的達成。一般良好的教案設計，應該考慮下列六項要點（修改自羅鴻祥，1976）：

1.教案要簡單易懂

　　教案的內容要簡單易懂，避免過於艱深複雜，必須讓每一位教學者（或專業教育者）可以瞭解教案內容所要展現的意義。讓教師瞭解，在未來的教學活動中，怎樣依據教案進行教學活動，同時可以隨時依據實際的教學活動，修正教案的內容。

2.教案必須科學化

　　教案的內容設計，必須遵守科學化原則。在內容部分，要囊括教學相關的因素、理論與方法、步驟與策略、原則與流程等，並且要有系統化的將教學活動呈現出來。

3.教案必須模式化

　　教案的內容要能將相關的因素，形成淺顯易懂的模式。例如將教學目

標、教學情境、教學活動、教學評量等，作專業性的連貫聯絡。教學者可以依據教案的模式，進行順序性與科學性的教學活動。

4.教案的目標要具體化

教案的內容在教學目標、單元目標的呈現上，要以行為目標方式，可測量的行為目標形式，引導教學活動的進行。在教學目標的擬定上，除了依據教學目標與單元目標的特性，也要將教學目標具體化。

5.教案的目標要細步化

教案內容在教學目標的擬定上，要能將教學目標結合教材與教學歷程上，遵守細步化原則，降低教學概念的難度，使教學概念、教學知識簡單化，降低學生的學習困難情形。教學目標要能符合程度高的學生，也可以符合程度低的學生。

6.教案要量表化

教案的設計，要能在單元教學中，讓教師的教學簡化，同時也讓學生的學習簡化。教案設計在能符合單元教學目標的需求，教案的評估與教學上的診斷都能量表化。

(二)教案設計工作程序

完整的教案設計工作程序要能系統化、模式化，並且提供教學者在進行教案撰寫時，能有完整的概念和清晰的構思。一般教案設計，在工作程序上應該包括十六個步驟（參見圖1-1）：

1. 設計開始。
2. 確定教學單元：確定教學單元有關的各項事務。
3. 確定教學目標及教學地位：課程目標與地位的確定。
4. 進行教材系統分析：認知、情意、技能系統分析。
5. 選擇教學重點：教學重點的選擇。
6. 確定單元目標：認知、情意、技能單元目標的確定。
7. 教材系統分析：分析教材系統。
8. 選擇教學重點：教學重點的選擇與安排。

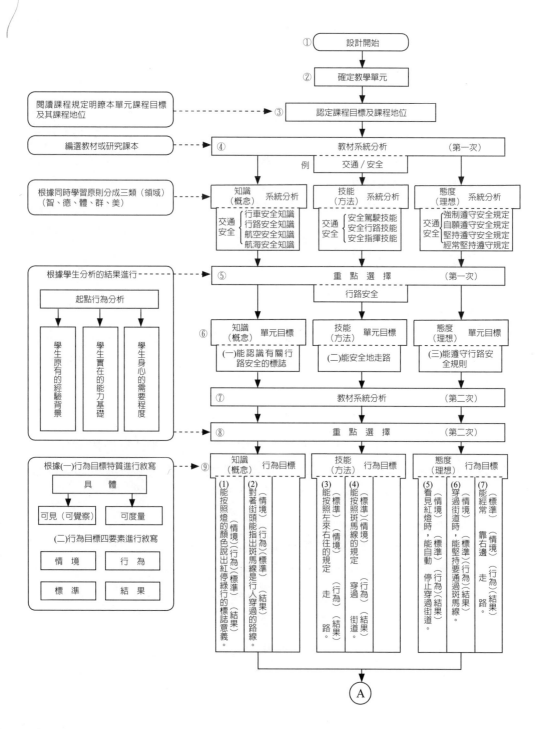

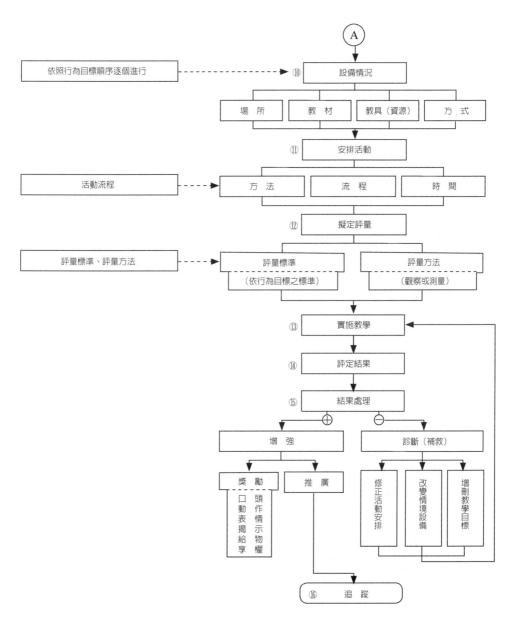

🖋圖1-1 教案設計工作程序（修改自羅鴻祥，1976）

9. 分析認知、情意、技能行為目標。

10. 分析設備情況；包括場所、教材、教具、教學資源、方式。

11. 教學活動安排：方法、流程、時間的分析與安排。

12. 擬定教學評量：包括教學評量標準、教學評量方法。

13. 實施教學活動。

14. 評定教學結果。

15. 評量結果處理：增強（鼓勵）、補救教學。

16. 追蹤活動。

三、教案的格式有哪些

(一)教案格式的演變階段

教案格式的演變，依據相關的文獻指出，大約分成幾個階段（張霄亭，1997）：

1.第一個階段

此階段大約在民國 48 年以前，當時的教學計畫稱之為「教案」，意義指的是教學的方案。當時在教案的內容上，比較偏重於教師的教學活動之規劃設計，從教師的教學立場，規劃設計學生的學習活動，並從教學的實施中，探討學習活動的實施。

2.第二個階段

民國 48 年以後，教學計畫統稱的教案，依據當時教育思潮的改變，將教案修改成「單元教學活動設計」，當時的教案設計，同時兼顧教師的教學活動與學生的學習活動。

3.第三個階段

民國 63 年以後，由於受到學生能力本位等思潮的影響，單元教學活動設計的教學目標以「行為目標方式」呈現，完全從學生學習的立場，規劃設計未來的教學活動。因此，教案重視的是「教師要教什麼？」、「學生要學哪些？」的問題。

4.第四個階段

此階段大約在民國 90 年，實施九年一貫課程改革與實施之後。當時由於教育改革的實施，課程與教學實施有了嶄新的概念，學校教學活動與各專業領域的教學活動（例如醫學、護理、成人教育等）皆重視教學者的教學計畫，希望透過完整的教學計畫達成教學的預期目標，並且確保學習品質的提升。在教學設計方面，強調教學前的規劃，必須將教師教學活動與學生的學習活動，做專業上緊密的結合。教學設計要能提供經驗教師與新手教師在教學上的參考架構，確保教學目標的達成。

(二)教案的格式

教案格式內容，因為不同年代有不同的樣式，也因為不同學科有不同的格式。教案的格式有橫式、直式，因不同的學科與不同領域，而有不同的方式。一般教案採用直式或是橫式，會因為該學科的教科書本身所呈現的方式而定。例如，語文領域的教科書大都採用直式的方式呈現，數學領域的教科書採用橫式的方式呈現。語文領域的教案，因而採用直式呈現的方式比較多，數學領域的教案採用橫式的方式呈現居多。有關教案的格式，請參見本書第九章教案的格式與案例。

四、教案有什麼作用

教案的設計和教學設計的概念，一般都是大同小異的。教案對教師的教學活動而言，具有穩定教師教學信心的功能，同時提供教師教學活動的參考架構，降低教師對於教學活動的焦慮和挫折。有了妥善的教案設計，可以讓教師的教學順利的進行，隨著學生的學習狀況，隨時調整教案的內容。

(一)教學計畫方面的研究

Clark 和 Yinger（1979）的研究指出，教學計畫的主要功能包括：

1. 提供教師教學過程中立即性的心理需求

　　例如減少教學時的心理緊張焦慮與惶恐不安的狀態，讓教師在教學時有方向可循，有助於增加信心和安全感。

2. 達成教學目標的主要途徑

　　教學計畫讓教師熟悉學習材料的蒐集與組織、時間的分配及活動的安排等。

3. 提供教學的引導

　　提供教師適當的引導，例如學生如何組織、以什麼活動開始教學、提供教學評量的參考架構等。

4. 預測和避免教學歷程中所產生的困難等。

(二)教案的主要作用

　　教案設計本身對教學教學活動的進行，具有下列多項功能：

1. 教學目標方面

　　教案設計可使教師瞭解教學目標的內涵，使教學目標明確周全，引導教師切實具體達成教學目標。

2. 教材準備方面

　　教案設計可以提供教師在教材準備方面的參考，可以讓教師在教學前依據單元性質選取適合的教材，以適應在教學活動中的需要。

3. 教學方法方面

　　教案的內容可以讓教師依據教學目標、教材及學生的能力，選用適當的教學方法，配合教學器材、教學資源的使用，安排合適的教學活動。

4. 教學時間方面

　　教學時間的運用對於教學目標的達成，是相當重要的關鍵。教師在設計教案時，應該要瞭解單元教學的時間多寡，決定教學活動的安排，透過教學時間的分配，提高教學效率。

5. 教學對象方面

　　在教學對象方面，教案內容應該要提供學生的舊經驗、起點行為、學

習興趣、學科學習能力、學習需要等方面的訊息，讓教師對教學對象有充分的瞭解，才能在教學實施中，隨時依據需要調整教案的內容，修正教學活動的規劃。

6.教學評量方面

教案中的教學評量活動，主要是用來記錄班級的教學活動及教師的各種觀念運作，做為未來教學活動的修正與調整，提供教師教學與評鑑關係的參考。

7.其他

教案有助於迎合教師教學上立即性的心理需求，增進教師的教學信心和安全感。此外，教案有助於代理（代課）教師瞭解班級教學活動，具有教學銜接上的功能；此外，教案可以提供新手教師（或新進人員）瞭解教學上的需要，單元教學的過去、現在及未來。

五、教案的形式有哪些

教案的形式依據內容、時間的長短、單元的性質及教材範圍的多寡，而有不同的形式。一般的教案形式和教學計畫形式，在意義和做法上，多半是相同的。換言之，教案的形式和教學計畫的形式，在專業的應用上是相同的。不管是教學經驗豐富的專家教師或是教學經驗有待加強的新手教師，都必須歷經撰寫教案的階段，透過教案撰寫的歷程，充實教學的實務經驗。

(一)書面式的教案

書面式的教案，是教師在教學前，將教學所要達到的預期目標、使用的方法與策略、師生的活動與教學資源、教學評量的標準和形式等，事先做妥善的規劃，在各種不同格式的教案中，將規劃內容寫下來，做為教學上的依據。在教學計畫階段，部分教師會做書面式的教案設計，將其教學設計過程中的主要因素，如學習者、教學方法、教學目標、教學活動、教學評量等以文字方式呈現出來。

　　書面式的教案通常又分成詳案和簡案。詳案包括單元主題名稱、一般教學目標的敘寫、教學內容主要概念、具體行為目標、單元活動順序、時間的安排、教學評量活動、追蹤活動等完整的教案設計。簡案是教師透過簡單的書面文字所做的教案設計，在內容方面比詳案簡單扼要。簡案的內容是不拘形式的，教師用來自我提示的文字或線索，例如：經驗豐富的教師會在適當的地方（如課本、筆記本、記事簿、行事曆等）寫一些文字或用符號標示，提醒自己在教學中要注意的重要概念、教學活動、教學內容、學生容易出現的錯誤等。

(二)內心式的教案

　　內心式的教案通常僅是教師在教學前，針對單元教學目標、教學內容、教學評量等，所構思的教學活動。此種形式的教案設計，通常是經驗豐富或是教學多年的教師，不會以文字方式呈現出來，僅在腦海中構思教學，是一種心理思考方式的教案設計。目前，幾乎所有教師採用的教案設計，已經偏向採用簡案或內心式的教案。

　　內心式的教案形式，不適用於一般新進教師，或是經驗不足的教師。因為，一般的教案設計會引導教師透過教案設計過程，詳細思考單元教學目標、學生學習經驗、教學理論與方法的運用、教學活動流程、教學情境設計、教學評量等方面的性質與安排。在教學前，透過教案設計與應用的歷程，可以引導教師朝著成功教學前進。在教學中如果遇到問題的話，可以透過書面式的教案，修正自己的教學活動。經驗不足的教師，如果缺乏詳細的教案設計做為教學的引導，容易因為經驗不足，或是教學現場中面對干擾的因素，導致不知所措的情形，影響教學活動的進行。

內心式的教案例子  試 教 規 劃

▶步驟一

先將學生分成五個學習組別（讓等一下的課程能有小組活動競賽）。

▶步驟二

放上榮譽榜加分制度（最高分者得到實質獎勵或採累積制）。

▶步驟三

把教學目標寫在黑板上。

▶步驟四

引起動機，以一個生活化的例子（能引起學生好奇心的）帶入上課主題（老師以提問方式進行）。

▶步驟五

進入主題內容（由淺→深，上課方式主要以學生參與為主）。

例：老師先示範一題→抽點學生回答問題（約 2～3 位）→每組派一位上臺做答→請每組同學自行解說，老師在旁釐清概念→概念的延伸（題目更複雜）。

▶步驟六

總結榮譽榜（請全班給予冠軍組掌聲鼓勵）。

▶步驟七

最後 5 分鐘做總結、概念重點提醒、分派作業。

設計者：陳冠廷。

六、教案有哪些型態

教案的撰寫依據不同學科性質，而有不同的呈現方式。教案的型態，依據不同學科性質和單元教學性質，而有不同的型態。常用的教案型態，舉例說明如下（林進材，2010）：

(一)每課計畫

　　每課計畫（lesson plan）是教師最常使用的教學計畫，通常被稱之為教案。此種型態的計畫，是以一節課的時間為範圍，所進行的教學設計。完整的每課計畫內容包括教學目標、教學主題內容、教學策略、教學活動、教學資源、教學評量等。在教師教學生涯中，每一位教師都應該建立屬於個人特色的每課計畫，每課計畫通常會以教師自己可以理解的方式進行，此為教師不會將教學計畫寫下來的主要原因。每課計畫請參見本書第九章教案的格式與案例。

(二)單元計畫

　　單元計畫（unit plan）是幾個同一主題「每課計畫」的總和，是以一個單元教材為範圍，以較大單元為主，而且以活動的方式進行教學計畫的設計。單元計畫通常包括一個比較完整的學習經驗或學習活動。完整的單元計畫教學通常需要比較長的教學時間，因為單元計畫是幾個「每課計畫」的綜合體。例如，現行中小學的學科領域教學，大部分都是以「單元」為單位，每單元的內容囊括幾個概念的教學活動。因此，單元計畫必須考慮整個單元的特性、內容及範圍。有關單元計畫，請參見本書第九章教案的格式與案例。

(三)每日計畫

　　每日計畫（daily plan）是幾個每課計畫的總和，教師的每日計畫可以顯示出教學動機技巧的運用、學生學習步驟及教學活動設計、教學需要的材料及教學評鑑的類型與歷程。完整的每日計畫包括明確的教學目標、學習活動的次序及評鑑學習成果的工具。此外，每日計畫除了包括教學方面的計畫之外，還包括教室生活中的各種活動計畫。

(四)每週計畫

　　每週計畫是以時間為考量因素的教學計畫型態，每週計畫通常是由幾個每課計畫、單元計畫所構成的。通常每週計畫，在內容方面包括各領域

學科的計畫，教師進行每週計畫並形成文字方式的教案計畫，有助於教師請假時，代理代課教師方便處理班級教學上的問題。每週計畫的內容與形式請參見本書第九章教案的格式與案例。

(五)學期計畫

學期計畫是屬以長期且系統性的計畫，通常與學校的行事曆相互配合，以「教學進度表」的型態呈現。它是以週爲計算單位，屬於整學期或整學年的教案計畫。學期計畫在擬定時，要考慮同學年教師的教學規劃，配合學校教務單位與行政單位的年度計畫。學期計畫的內容與形式請參見本書第九章教案的格式與案例。

七、教案要包括哪些內容

一般的教案在內容方面，應該要囊括所有與教學有關的因素，才能在教師設計規劃教學時，能顧及所有的因素，使教學活動順利進行，收到預期的教學效果。

教案的主要內容，至少應該要包括下列要素：

(一)單元名稱

教案的內容要在標題或適當的地方，將單元名稱以及相關的訊息標示出來。

例如，下列的單元名稱包括教學領域、單元名稱、單元節數、教學班級、教材來源、教學者、指導者、教學日期等相關的資料。

☞表1-1 臺南市中西區永正國民小學 101 學年度第一學期三年甲班國語科教案設計

教學領域	國語科	單元名稱	阿瑪迪斯	單元節數	五節
教學班級	三年四班	教材來源	南一版國小三年級上學期（第十一課）		
教學者	李小民	指導者	林進材教授	教學日期	11/21-12/02

(二)設計理念

設計理念指的是教師在教案設計時，是採用哪些重要的理念，而這些理念是如何影響未來的教學活動安排。一般而言，設計理念要依據單元教學的主要目標、學科教學知識、學科性質、學生的特性等，例如國小語文科的設計理念如下：

1. 此堂課以形式深究的方式，讓學生能學會課文中的修辭和句型，並引導學生將句子完整地呈現出來。前半節課透過教師的問答，讓學生去發現課文中所使用的修辭。

2. 後半節課透過遊戲的方式，在活動進行之中，循序漸進地建構修辭與句型的觀念，讓語句更為優美、完整且令人印象深刻，達到寓教於樂的正面效果。

3. 最後透過教師所設計的學習單，讓學生統整這一堂課所學到的東西，並透過實際書寫，加強學童的印象，進而運用到日常生活中。

(三)單元目標與行為目標

教案中的單元目標，一般分成認知、情意、技能三個層面的目標。單元目標的寫法，採用行為目標的方式撰寫。新式的教案在單元目標方面，增列九年一貫課程的能力指標。有關單元目標的撰寫，請參考下列目標的寫法。

表1-2　單元目標與行為目標

能力指標	單元目標	具體目標
N-3-18 能由生活中常用的數量關係，運用於理解問題，並解決問題。 C-T-04 能把待解的問題轉化成數學的問題。 C-R-01 能察覺生活中與數學相關的情境。 C-S-04 能多層面的理解，數學可以用來解決日常生活	1.學生能正確解決時間的乘法問題。	1-1 運用分和秒的單位換算，解決時間的乘法問題。 1-2 運用時和分的單位換算，解決時間的乘法問題。 1-3 運用日和時的單位換算，解決時間的乘法問題。

能力指標	單元目標	具體目標
所遇到的問題。 C-S-05 能瞭解一數學問題可有不同的解法，並嘗試不同的解法。	2. 學生能正確解決時間的除法問題。	2-1 運用分和秒的單位換算，解決時間的除法問題。 2-2 運用時和分的單位換算，解決時間的除法問題。 2-3 運用日和時的單位換算，解決時間的除法問題。
	3. 學生能正確解決日常生活中有關時間乘除的相關問題。	3-1 能將生活中有關時間乘法的相關問題列式並計算。 3-2 能將生活中有關時間除法的相關問題列式並計算。

(四)學生分析

在學生分析方面，包括對學生學習舊經驗的說明、學習特性、學生的經驗背景、學習動機、起點行為、學科學習的經驗和銜接等，此部分重視學生在學習方面經驗、能力的發展與關聯。有關學生學習經驗的分析，說明如下：

1. 能運用「角」、「邊」等構成要素，並且辨認簡單平面的圖形。

2. 學生能夠透過操作，認識基本三角形與四邊形的簡單性質。

3. 學生能正確認識平面圖形全等的意義。

(五)教材使用與分析

教材的使用一般指的是教科書、教學指引、教師手冊，或教師自行編製的活動、教師自行設計的教材等，都是屬於教材使用的範疇。教材分析指的是該單元在教材學上的地位，以及在各單元教學的前後關聯性。有關教材分析舉例如下：

1.教材分析

📖表1-3　教材分析舉例

過去	現在	未來
·第四冊第九單元：認識生活中的「角」、「邊」、「平面」 ↓ ·第四冊第四、八單元：理解平面上兩線垂直與平行的關係 ·利用三角板和摺紙做直角 ·認識兩平面圖形全等的意義	本單元 ·察覺線對稱圖形的現象 ·認識線對稱圖形及對稱軸 ·認識線對稱圖形的性質 ·繪製線對稱圖形	第十一冊第九單元 ·知道原圖和縮圖或擴大圖的對應角、對應邊的關係 ·能畫出簡單圖形的擴大圖或者縮圖

2. 教學重點

讓學生瞭解對稱圖形的特性。

3. 教學方法

使學生實作的方式，利用課本附件的圖片練習，然後發現其中的重點。

(六)教具資源

教具資源指的是教師在未來教學活動中所採用的教具資源，包括各式各樣的教學資源、教學媒體、教學輔助材料等。

(七)教學方法

教學方法指的是，在教案中想要達成行為目標所採用的方法。例如提示、發現、放映、觀察、記錄、實驗、練習、討論、閱讀、欣賞、表演、展覽、發表、示範、製作等方法。

(八)活動流程

活動流程指的是教師在教學中所使用的步驟，為了用來達成教學目標（或行為目標）。一般教學流程是以流程圖方式表現之。

(九)教學時間

教學時間的表示方法，使用的方式「共○○節，共○○分鐘」，指的是單元教學活動的總時間。一般而言，國小階段的教學時間一節課爲 40 分鐘，國中以上階段的教學時間一節課爲 45 分鐘，專科大學以上一節課爲 50 分鐘。

(十)教學評量

教學評量一項應該要包括教學評量的方式、教學評量的標準等。前者指的是採用的教學評量方法，例如紙筆測驗、檔案評量、闖關評量等；後者指的是教學評量標準的擬定，應該要依據單元目標的行爲目標，以確定學生的學習成效。

八、教學設計的模式

教學設計模式的建立，有助於教師在進行教學設計（或教案設計）時的參考，透過教學設計模式的理解，讓教師進行有系統的教案規劃和教學設計。一般的教學設計模式，有六種常用的模式，茲加以說明如下：

(一)羅氏教學設計模式

此一教學設計模式，是羅鴻祥於 1976 年提出的教學設計模式（參見圖 1-2），模式的內容包括六個主要組成要素：

1.教學目標

教學目標是教學設計的首要考慮因素，教師應該要先確定單元教學的目標，以及和單元有關的各種行爲目標。教學目標分成一般教學目標、行爲目標等。

2.教學情境

教學情境指的是和教學活動有關的教學場所、教材、教具、教學資源等。

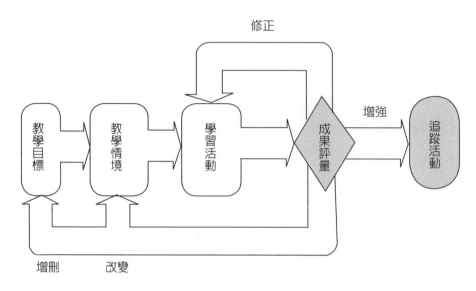

修正

增強

增刪　　　改變

◇圖1-2　教學設計的模式（羅鴻祥，1976）

3.學習活動

學習活動指的是學習方法、活動流程、教學時間等三個主要要素。

4.成果評量

成果評量通常指的是教學評量，內容包括評量方法、評量標準、成績比率（或成績等第）。

5.追蹤活動

追蹤活動主要用於確定教學目標的達成情形，做為是否修正教案或進行補救教學的依據。

6.增刪、修正、改變、增強

教學活動進行時，必須依據實際的教學活動，決定各種活動的實施情形，是需要修正或改變，在教學活動節數後，需要補救教學或是修正教學設計等。

(二)ASSURE 教學設計模式

ASSURE 模式是由 Molenda、Hinich 和 Russel 發展出來的教學設計模式（參見圖1-3）。此模式包含六個完整的要素（林進材，2011）：

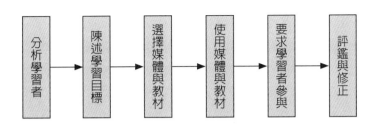

◢圖1-3　ASSURE教學設計模式（林進材，2011）

1.分析學習者

分析學習者（analyze learner）指的是教學內容要和學習者的性別、年齡、學習背景、生長的社會文化因素有關。

2.陳述學習目標

陳述學習目標（state objectives）可以讓教師瞭解教學活動應該要達到的程度，教學結束後學生應該要具備哪些新的知能、態度或情意。

3.選擇教學媒體與教材

教學媒體與教材的選擇（select medias & materials），由教師針對教學目標和教學上的要求，選擇有助於達到單元目標的教材和媒體。

4.使用媒體與教材

媒體和教材的使用（utilize medias & materials）必須配合教學活動的實施，以簡單、方便、效率為主要的考量。

5.要求學習者參與

要求學習者的參與（request learner performance）重點在於，教師應該提供機會，讓學生練習各種重要的學習概念和知能，精熟各種學科知識。

6.評鑑及修正

評鑑及修正（evaluation/revise）是教學設計的最後一個步驟，內容包括學習成效的評鑑、教學過程的評鑑、教學媒體和教材的評量，透過評鑑與修正程序，修改教學設計本身。

(三)DICK 和 CAREY 教學設計模式

DICK 和 CAREY 模式是以單元教材及教學活動設計為重心的教學設計（參見圖1-4），此模式包括九個主要的步驟（林進材，2011）：

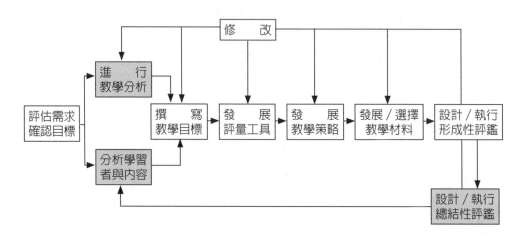

⚡圖1-4　DICK 和 CAREY 教學設計模式（林進材，2011）

1.需求評估與確認目標

在教學設計中，需求評估與目標的確認，有助於未來教學活動實施的確認。

2.教學分析

教學分析的重點在於依據教學目標內容，分析學習者在完成或達到目標時，所必須表現的行為內容。

3.分析學習者與教學內容

學習者的分析包括學習者的特性、起點行為與學習型態。在教學內容分析方面，應該考量方法的運用、資源的取得、時間的分配、教學活動的先後順序安排、環境的布置及相關限制等。

4.撰寫教學目標

教學目標的撰寫，必須回溯、檢視學習者與內容及教學方面的分析結果，對照需求的來源及評估，以確保教學目標是有所依據，而且符合單元

教學所需要。

5.發展評量工具

評量工具的發展和選用，必須依據教學目標而來。教學過程中的評量活動，是學習者完成一個教學單元之後，確定學習者是否成功的達到該單元的目標。

6.發展教學策略

在發展教學策略時，教師應該要將教學目標做適當的分類，做為教材呈現的依據，其次發展教學內容呈現及加強學習者參與的有效策略。

7.發展與選擇教材

教材的發展與選擇，必須循著教學活動內容，做適當的因應，才能達到預期的效果。

8.設計與進行形成性評鑑

設計與進行形成性評鑑的主要目的，在於確認教學活動的進行是否有問題，以利做適當的修正和調整。

9.設計與進行總結性評鑑

總結性評鑑的主要作用在於確定教學目標與學習成效的一致性，透過評鑑活動偵測教學目標的擬定是否適當？教學策略的選擇是否符合學習者的特性？教材的選擇與發展是否發揮應有的功能？整個教學活動中有哪些是需要保留的？哪些是需要做修正的？

(四)KEMP 教學設計模式

KEMP 模式是 Kemp 提出來的教學設計模式（參見圖 1-5），該設計模式分成十個主要步驟（林進材，2011）：

1.學習需求與教學目標

在學習需求與教學目標階段，主要的工作在於：(1)實施需求評估、確定需求；(2)敘述教學目的；(3)確定優先順序，考量相關的限制因素。

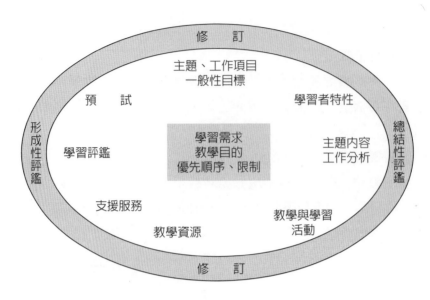

◈圖1-5　KEMP 教學設計模式圖（林進材，2011）

2. 主題、工作項目與一般性目標

確定教學目標之後，接下來是擬定學習者學習內容或是單元內容。一般而言，主題、工作項目與一般性目標的設計，必須以教學目標為主，將內容依順序排列。

3. 學習者特性

學習者特性的考量包括學習資料、個人與社會特質、特殊的學習特性、學習型態等。在教學設計時，要考量學生的學習動機、學習態度、期望水準、經驗、特殊才能與學習表現等。

4. 主題內容與工作分析

在工作分析方面，包括訊息來源的有效掌握、評列工作項目與繪製流程圖。主題內容與工作分析是撰寫教學目標的前置工作，並且是教學過程中選擇教學媒體、教材與評鑑活動的依據。

5. 教學目標

教學目標包括認知、技能、情意等三方面，三者相輔相成。

6.教學與學習活動

在教學設計時，教學與學習活動的考量包括教學與學習方式、有效的學習情境與學習原理、各類教學法等。

7.教學資源

教學資源的選擇包括輔助教學活動進行的實物、非放映性教材、錄音器材、教學媒體等相關資料。教學資源的選擇，應該要以現有的資源為主，以教學者最為熟悉或是便於使用的器材為主。

8.支援服務

指有助於教學活動進行的各種系統，例如學校預算、現有的教學設備、教材教具、教學進度、學校的年度行事曆等。

9.學習評鑑

學習評鑑主要的作用在於確認教學目標達到的程度，確定教學之後學習者在知識、情意、技能方面的改變情形。

10.預試

瞭解學習者的程度，以便擬定適當的教學活動。透過預試活動得以瞭解學習者的先備知識，以及對單元的舊經驗和認知程度。

(五)ARCS 教學設計模式

ARCS 模式是 Keller 於 1983 提出的教學設計模式，模式的設計是以學習者的動機為主要的概念，將學習動機視為教學設計的重點（參見圖1-6）。ARCS 教學設計分成四個主要的步驟（林進材，2011）：

1.注意力（attention）

教師在進行教學設計時，要預先準備各種引起學習者注意力的有效策略，如以視覺、聽覺或觸覺等感官上的刺激來帶動學習者。

2.關聯性（relevence）

關聯性指的是教師在進行教學活動前，必須先針對學習者的新舊經驗做有效的連結。單元與單元之間、科目與科目之間做上下的連貫、左右的聯繫。

3.信心（confidence）

教學活動設計必須考量學習者對於新單元或新教材是否具備學習者成功的信心，如果學習者對學習活動缺乏信心，則內在學習動機必然隨著降低，對學習興趣缺缺，教師教學成效無法達到預期水準。

4.滿意度（satisfaction）

滿意度是教學設計中，應該研擬如何提高學習者在學習上的動機，以促進學習成效，教學設計中應該將提高學習者的滿意度納入考量。

ACRS 模式中列舉十二項策略，加以說明各要素的運用：

A 注意力	R 關聯性	C 信心	S 滿意度
1. 感官引發	1. 熟悉度	1. 學習要件	1. 內在增強
2. 探詢引發	2. 目標導向	2. 成功機會	2. 外在報酬
3. 多樣性	3. 動機契合	3. 自我負責	3. 公平性

◇圖1-6　ARCS 教學設計模式圖（林進材，2011）

(六)R2D2 教學設計模式

R2D2 教學設計模式是屬於建構觀的教學設計模式，由 Willis 於 1995 年提出（參見圖 1-7）。R2D2 模式計分成界定、設計與發展、散播三個階段（林進材，2011）：

1.界定

在界定階段中，教師應該進行學習者分析與教學需求評估。此階段的重點不在於提出教學目標，而是引導教師及學習者全程參與教學設計活動。

2.設計及發展

發展及設計包括媒體及形式的選擇、發展的環境、成品或結果設計與發展、快速製作原理及形成性評量。

3.散播

散播階段包括最後的包裝整理、教學的採用與擴散。

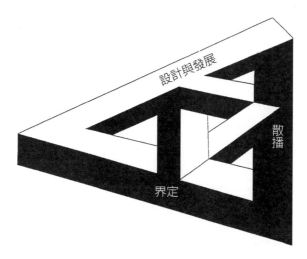

設計與發展

散播

界定

△圖1-7　R2D2教學設計模式圖（林進材，2011）

不管教案設計的模式是採用哪一種類型，只要能讓教學者瞭解未來教學活動要包含哪些重要的目標、教學理論與策略的運用、教學時間和教學資源的掌握、學生學習目標的達成等，都是理想的教案。

第二章　教案要有哪些內容

教案的撰寫，除了要符合一般教學計畫的格式和規範之外，也要瞭解一般的教案內容，必須包含哪些重要的項目。教案的主要目的，在於提醒教師單元教學（或課教學）的目標在哪裡，讓教師瞭解教學活動的實施，需要哪些重要的步驟，確認教學目標的達成。一般教案在內容方面，大略分成課程與教學研究、學生的學習經驗、引起動機、教學理論與方法的採用、教學目標的擬定、教學活動與流程、教學資源的運用、教學時間管理、教學評量方法與標準的擬定等。茲將一般教案的內容，簡要說明與舉例如下：

一、課程與教學研究──前人有哪些叮嚀

課程與教學研究主要目的，在提供教師有關單元教學活動，在課程與教學方面的研究，有哪些重要的結論、哪些重要的經驗、對本單元（或課）的教學有哪些重要的意義。教師在撰寫教案時，有關課程與教學研究方面的訊息，可以參考採用的參考書版本，出版社所附贈的教師手冊中（或教學指引），都會提供課程與教學研究方面的訊息。

(一)課程研究說明與舉例

1.教案中課程研究的意義

　　在教案撰寫歷程中，課程研究的定義通常指的是該學科領域中，有關該單元的課程內容分析、課程組成的分析、課程實施的分析等方面的訊息。課程的概念是由幾個單元（或幾節課）組成的，透過各單元的組成，形成該學科領域的課程研究。例如，國小五年級上學期數學領域的教學，在課程方面的研究，指的是五年級上學期數學領域所有單元教學的總和。在課程研究中，針對每一個單元教學設計，在教案中會提供該單元（例如分數的除法）的課程意義，以及在該單元教學前，教師教過哪些相關的概念、未來的教學會教哪些相關的概念。換言之，課程研究提供該單元概念的過去、現在與未來方面的課程與教學訊息。

2.教案中課程研究舉例

　　教案中的課程研究說明，提供教師該單元教學的整體課程概念。教師可以透過課程研究舉例，瞭解該單元教學在整體課程中所扮演的角色和教學上的意義。

☺ **例1**：國小三年級上學期數學領域教學教案設計

　　單元名稱：第二單元：加法
　　教材來源：南一版第五冊

課程研究

一、課程內容分析

　　1.讓學生熟練三位數的加法直式計算。

　　2.讓學生熟練四位數的加法直式計算。

　　3.讓學生熟練三個數的連加。

　　4.讓學生熟練三位數的加法估算。

二、課程實施分析

1. 在第四冊的單元三中，學生已經學過三個數的連加、連減與加減混合，並能用直式解決問題。

2. 學生學習本單元之前，應已熟練二位數的加減直式計算。

三、課程準備

教師：情境圖、數字卡、數字板。

學生：小白板、白板筆。

☺ **例2**：國小四年級下學期社會科領域教學教案設計

單元名稱：第三單元第一課：早期的陸上交通

教材來源：康軒版第八冊

課程研究

一、課程內容分析

1. 家鄉早期人力運輸的方式有哪些？（例如，手提、肩挑、揹、負、轎子、臺車、板車、三輪車……）

2. 家鄉早期利用人力與獸力等運輸方式，容易受到地形起伏與天氣變化的影響。

3. 說明家鄉先民如何克服陸上運輸的障礙。

4. 傳統的人力與獸力運輸，對於早期家鄉與外界貨物交流有什麼影響？

二、課程實施分析

1. 學生對於早期的交通方式，有初步的認識。

2. 學生在電視媒體或是書報雜誌上可能已有看過一些有關早期陸上交通的方式。

三、課程實施準備

　　1. 教師：power point、教學海報、閱讀早期陸運方式的補充資料、閱
　　　讀郁永河渡臺採硫的故事。

　　2. 學生：先預習課文內容，並上網瀏覽相關早期陸運方式的資訊。

☺ **例 3**：國中九年級上學期社會領域歷史科教學

　　單元名稱：第五單元第一課：古埃及文明

　　教材來源：康軒版第五冊

課程研究

一、課程內容分析

　　1. 埃及古文明地理環境的認識。

　　2. 埃及古文明的政治演進。

　　3. 古埃及的信仰觀。

　　4. 埃及古文明的文化與成就。

二、課程實施分析

　　1. 學生對埃及文明僅有片面的瞭解。

　　2. 教師可以妥善運用影片及相關圖片，釐清學生對埃及古文明的概
　　　念。

三、課程實施準備

　　單槍投影機、電腦、可上網環境、影印機。

☺ **例 4**：國小六年級下學期數學領域教學

　　單元名稱：第一單元：分數的除法　第一課：真分數、帶（假）分數
　　　　　　　除以整數

　　教材來源：南一版第十二冊

課程研究

一、課程內容分析

南一書局出版　96 年 1 月修訂

1. 第十一冊

   在具體情境中，解決被乘數是真分數、假分數、帶分數乘以整數問題，並用有分數的算式，摘要記錄解題過程與結果。

2. 本單元

   在具體的情境中，解決有關分數四則運算問題。

3. 第十二冊

   分數、小數的四則運算。

二、課程實施分析

1. 課程內容已有乘、除法觀念。

2. 課程內容已有真分數、假分數、帶分數觀念。

三、課程實施準備

課本、習作、教師手冊、相關教具。

(二)教學研究說明與舉例

1.教案中教學研究的意義

在教案撰寫中，教學研究與課程研究的意義相當接近。課程研究通常囊括所有的教學研究，教學研究指的是該單元在課程實施上的意義。一般教學研究的內容，大略包括教材分析、教材的地位、學生經驗分析、教材準備等與教學有關的性質和內容，通常會在教案中的教學研究標示出來。教師可以在教師手冊與教學指引等相關簿冊中，瞭解單元教學教案的教學研究資料。

2.教案中教學研究舉例

教案中的教學研究，提供教師在教學中的訊息，引導教學活動的實

施。因此，教師在教學前，應該先瞭解教案中的教學研究，做為教學活動實施的修正參考，同時做為教學評鑑的依據。

☺ **例 1**：國小五年級鄉土教育教學

　　單元名稱：永華偎海邊

　　教材來源：謝佳柔編

教學研究

一、教材分析

　1. 認識臺灣形成的過程。

　2. 說出臺江內海涵蓋的範圍。

　3. 說出陳永華在臺灣的事蹟。

　4. 培養愛鄉愛土的情懷，珍惜腳下的土地。

二、學生經驗分析

　　五年級國語課本與社會課本均有提到陳永華相關資訊，但對於永華國小的前身——瀨口鹽場，曾聽聞過的學生甚少。

三、教學準備（教材）

　1. 單槍投影機。

　2. 實務投影機。

　3. 教材簡報 PPT。

☺ **例 2**：國小五年級上學期數學領域教學

　　單元名稱：線對稱圖形

　　教材來源：康軒國小數學五上

教學研究

一、教學分析

1. 教材的地位分析

過去	現在	未來
・第四冊第九單元：認識生活中的「角」、「邊」、「平面」 ↓ ・第四冊第四、八單元：理解平面上兩線垂直與平行的關係 ・利用三角板和摺紙做直角 ・認識兩平面圖形全等的意義	本單元 ・察覺線對稱圖形的現象 ・認識線對稱圖形及對稱軸 ・認識線對稱圖形的性質 ・繪製線對稱圖形	第十一冊第九單元 ・知道原圖和縮圖或擴大圖的對應角、對應邊的關係 ・能畫出簡單圖形的擴大圖或者縮圖

2. 教學重點：讓學生瞭解對稱圖形的特性，以及在生活上的意義。

3. 教學方法：操作教學法，使學生實作的方式，利用課本附件的圖片練習，然後發現其中的重點。

4. 評量方式：實作評量。

☺ **例 3**：國小五年級上學期數學領域教學

單元名稱：第八單元：時間的乘除

教材來源：南一版國小數學五上

教學研究

一、學生經驗

1. 分、秒、時、日的時間單位換算。

2. 時間的加法、減法計算。

3. 計算兩個時刻之間所經過的時間。

4. 計算時間量的加減問題。

二、教材分析

四年級	本單元	六年級
1. 時間的換算和計算。 2. 計算中間經過的時間。 3. 計算時刻和時間量的加減問題。	1. 運用分和秒的單位換算，解決時間的乘除問題。 2. 運用時和分的單位換算，解決時間的乘除問題。 3. 運用日和時的單位換算，解決時間的乘除問題。	1. 用小數、分數表示時間並進行換算。 2. 認識速度。

☺ **例4**：國小五年級下學期數學領域教學

單元名稱：第八單元：線對稱圖形

教材來源：南一版國小數學五下

教學研究

一、教材分析

四下→單元九	五上→單元三
1. 察覺鉛直線和水平線互相垂直。 2. 察覺兩鉛直線和兩水平線互相平行。 3. 辨認比較正方形、長方形、梯形、平行四邊形的邊與角的性質。	1. 三角形的內角和是 180 度。 2. 認識多邊形、正多邊形及命名。 3. 利用三角形的內角和，解決多邊形的內角和問題。

本單元

1. 認識線對稱圖形的意義。

2. 認識線對稱圖形的對稱軸。

3. 認識對稱點、對稱邊和對稱角。

4. 畫出線對稱圖形的另一半。

5. 剪出線對稱圖形。

⇩

六下→單元四

1. 依組成要素間的關係，比較兩圖形的異同，認識相似的圖形。

2. 從相似圖形中，對稱邊的比例關係，認識放大圖和縮圖。

3. 藉由放大圖和縮圖的長、寬之比值，認識比例尺。

4. 藉由縮圖和比例尺，估算實際長度。

二、學生經驗分析

　1. 能藉由全等的經驗，察覺左右全等和上下全等的圖形或實物。

　2. 能運用「角」、「邊」等構成要素，辨認簡單平面圖形。

　3. 透過操作，認識基本三角形與四邊形的簡單性質。

　4. 能認識平面圖形全等的意義。

三、教學準備（教材）

　課本、習作、附件、圖卡。

☺ **例 5**：國小五年級上學期語文領域教學

　單元名稱：第十一課：詩兩首

　教材來源：康軒版第九冊

教學研究

一、教材內容屬性

文章表述方式（文體）：詩歌。

二、課文大意

1. 竹里館：王維獨自坐在竹林裡彈琴、吟唱。沒人知道他在竹林裡面，只有明月映照著竹林，跟他做伴。

2. 獨坐敬亭山：李白看著鳥兒高飛，孤雲飄走。與李白百看不厭的，只有敬亭山。

三、生字

1. 習寫字：篁、嘯、皎、詰、祁、暝、襯、澄、恬、徽、宣、籍、汲、構、瑰、絢、甫、締、酌、繫。

四、詞語

幽篁、皎潔、摩詰、祁縣、山居秋暝、襯托、澄淨、恬淡、安徽省、宣城縣、祖籍、汲取、構成、瑰麗、絢爛、杜甫、締造、月下獨酌、聯繫。

五、句型練習

(1)雖然……但是……

例句：雖然沒有人知道王維在這裡，但是高潔的明月卻像知音一樣伴隨著他，使他不寂寞。

(2)雖然……卻……

例句：這首詩雖然詩句淺顯，帶給我們的卻是一幅清新脫俗的畫境！

☺ **例6**：國中七年級上學期數學領域教學

單元名稱：1-1 正負數與絕對值

教材來源：翰林版第一冊

教學研究

一、教材分析

1. 能認識負數，並將負數標記在數線上，以理解正負數之比較。

2. 經由上臺練習與寫練習題，讓同學暸解各種題型變化。

二、學生經驗分析

1. 正數、正整數、小數與分數的定義。

2. 能將生活中的數量用數字表現在紙上。

三、教學準備（教材）

1. 課本。

2. 教學用 PPT。

3. 大張數線圖。

4. 課後練習學習單。

☺ **例 7**：國中七年級電腦領域教學

單元名稱：打扮你的 Windows XP

教材來源：九年一貫：認識電腦（松崗）　第四章

教學研究

一、教材分析

　　利用上一章所學得「桌面」的概念，來引導出桌布的意義，並應用生動有趣的圖片來引發學生的學習興趣。

二、學生經驗分析

1. 具有 windows 基本操作、輸入的能力。

2. 知道如何使用網路找到自己喜歡的圖片。

3. 由上節課知道「桌面」的概念。

三、教學準備（教材）

電腦教室、投影片、廣播系統、電腦網路。

☺ **例 8**：高中家政科教學

單元名稱：第二單元：服飾的搭配原則

教材來源：南一版第三冊

教學研究

一、教材分析

透過不同顏色的色布，瞭解不同膚色的人呈現的視覺效果不同。

瞭解自己的膚色、臉型及體型，透過服飾的款式和顏色來替自己加分。

二、學生經驗分析

學生美術課上過「色彩學」單元，瞭解色彩三要素、色彩的影響力與色彩的搭配。

三、教學準備（教材）

單槍投影機、電腦、40 平方公分之色布、學習單、講義。

二、學生的學習經驗——凡走過必留下痕跡

在教案撰寫項目中所指的學生學習經驗，一般指的是在單元教學前，學生與單元知識概念有關的經驗。教師在撰寫教案時，應該要先瞭解學生如何學習，以及學習歷程中，個體所產生的各種變化與心理歷程，才能確定教學進行程序，有效引導學生學習。

(一)學習經驗的意涵

學生的學習經驗，一般指的是學生在單元學習方面的起始狀況，包括學生的舊經驗、起點行為、學習狀況、單元知識學習情形、學習潛能等。例如，在國小數學領域的單元學習上，學生如果想要學習梯形面積的計算方法，必須先瞭解長方形面積的計算方法、三角形面積的計算方法等，才能學習梯形面積的計算方法。因此，長方形面積和三角形面積的計算方

法，就稱之爲梯形面積計算方法學習的學習經驗。

　　教師撰寫教案時，必須先參考學科領域教學的教科書、教師手冊（或教學指引）等資料，瞭解單元教學時學生的學習經驗，透過學習經驗的分析和瞭解，可以擬定單元教學方法和策略，做爲規劃教學的參考。有了學生的學習經驗，教師就可以在教案撰寫時，針對學生的舊經驗，決定單元教學所需要的時間、教學理論與方法的運用、教學資源的運用、教學評量方法與標準等。

(二)學習經驗的例子

　　教案中的教學經驗項目，提供教師在教學前的參考，讓教師瞭解教學實施的切入點。有關教學經驗的教案撰寫，舉例說明如下：

☺ **例 1**：國小六年級上學期數學領域教學

　　單元名稱：第五單元：第一課　放大與縮小

　　教材來源：翰林版第十一冊

　　學習經驗

　　1.第四冊學過幾何。第八單元：角、邊、面。

　　2.第五冊學過幾何。第二單元：平面圖形。

　　3.第七冊學過幾何。數與量第九單元：角與量角器。

　　4.第八冊學過幾何。第六單元：全等、三角形與四邊形。

　　5.第九冊學過幾何。第五單元：長方體與正多面體。

☺ **例 2**：國小四年級下學期數學領域教學

　　單元名稱：第一單元：認識大數

　　教材來源：翰林版第八冊

學習經驗

1. 學生以「億」為計數單位認識「一兆以內的數」之後，再與定位板結合，將「億以上的數」和「億位以內的四位數」、「萬位以內的四位數」、「千位以內的四位數」結合，成為一兆以內的數。

2. 本單元特別將定位板依「幾個億、幾個萬、幾個一」，分成三個顏色，幫助學生進行讀與記。

3. 自我挑戰中「999999999999 加 1」，可以讓學生經驗加 1 之後，逐次進位，成為一兆的歷程。

☺ **例 3**：國小三年級第二學期數學領域教學

單元名稱：第二單元：面積與體積

教材來源：南一版第六冊

學習經驗

1. 學生已能辨識物體外形並分類。

2. 學生已經認識長方形、三角形、圓形，並使用標準名稱描述。

3. 學生已經能使用非標準或標準的名稱經驗描述長方形、正方形、三角形。

☺ **例 4**：國小六年級上學期語文領域教學

單元名稱：第二單元：溫情處處

教材來源：翰林版第十一冊

學習經驗

1. 學生已能透過網際網路、圖書館各類工具書蒐集資料。

2. 學生閱讀過相關的文章、媒體報導。

3. 學生能利用部首和簡單造字原理輔助識字。

4. 學生能清楚明白的口述一件事。

☺ **例 5**：國中八年級理化科教學

單元名稱：第四章　4-3 光的折射與透鏡

教材來源：翰林版第三冊

學習經驗

1. 學生在國小課程第六冊，第一單元，美麗的彩虹，學過光的折射基本原理。

2. 學生在國中自然與生活科技──光的傳播中學過光與透鏡原理。

3. 學生在國中自然與生活科技──學習光的反射原理。

☺ **例 6**：國中七年級上學期電腦教學

單元名稱：打扮你的 Windows XP

教材來源：九年一貫：認識電腦（松崗）　第四章

學習經驗

1. 學生已經具有 windows 基本操作、輸入的能力。

2. 學生知道如何使用網路找到自己喜歡的圖片。

3. 學生由上節課知道「桌面」的概念。

☺ **例 7**：高級中學家政科教學

單元名稱：第二單元：服飾的搭配原則

教材來源：南一版第三冊

學習經驗

1. 學生在美術課上過「色彩學」單元。

2. 學生瞭解色彩三要素的內涵。

3. 學生瞭解色彩的影響力與色彩的搭配。

☺ **例 8**：國中七年級上學期數學領域教學

單元名稱：1-1 正負數與絕對值

教材來源：翰林版第一冊

學習經驗

1. 學生瞭解正數、正整數、小數與分數的定義。

2. 學生能將生活中的數量用數字表現在紙上。

☺ **例 9**：國中九年級上學期社會領域歷史科教學

單元名稱：古埃及

教材來源：翰林版第五冊

學習經驗

1. 學生對埃及文明僅有片面的瞭解。

2. 學生可以妥善運用影片及相關圖片，釐清對埃及古文明的概念。

☺ **例 10**：國小五年級上學期數學領域學科教學

單元名稱：線對稱圖形

教材來源：康軒國小數學五上

學習經驗

1. 能運用「角」、「邊」等構成要素，辨認簡單平面圖形。
2. 透過操作，認識基本三角形與四邊形的簡單性質。
3. 能認識平面圖形全等的意義。

三、引起動機的實施──點燃學習熱情

引起動機是教學活動的起始階段，透過引起動機的運用，點燃學生的學習熱情，英文名詞譯為（warm up）。引起動機通常會放在「準備活動」階段，透過 3～5 分鐘的教學活動，提升學生對單元教學的興趣。

(一)引起動機的意義

引起動機的主要意義，在於透過教學活動方式，激發學生對該單元學習的興趣，將舊經驗與新概念的學習，做有效的連結。教師在教學活動實施前，應該針對單元學習的重要概念，設計各種具有教學意義的趣味活動，藉以激發學生的學習心向。

(二)引起動機設計的要領

1.配合單元教學目標選取活動內容

引起動機是教學活動中的「暖身運動」，在活動的設計時，要能配合單元教學目標，選取活動的內容以提升學生的學習動力。

2.引起動機以 3～5 分鐘為原則

在撰寫教案時，引起動機在時間的分配上，以 3～5 分鐘為原則，不可以超過 5 分鐘，以免占用過多時間而影響教學進度。

3.引起動機必須銜接發展活動

引起動機的活動，本身要和教學發展活動的內容，或是概念學習內容有關，才能在引起動機時，和單元教學重要概念進行連結。

4.引起動機的活動要全班一起來

引起動機活動的進行，通常要以全班學生為對象，避免採用單一活動或是分組活動的方式，影響全體學生對於學習的興趣。

5.引起動機要能激發學習興趣

引起動機本身要能結合學生的學習新舊經驗，讓學生從引起動機中瞭解新舊概念之間的相互關係，以達到良好的學習成效。

6.引起動機以活動設計為原則

引起動機的設計，一般以活動設計為原則，一來可以集中學生的注意力，其次可以讓學生積極參與學習活動。

(三)引起動機的案例與說明

☺ **例1**：國小五年級下學期數學領域教學教案設計

單元名稱：第三單元

教材來源：南一版第十冊

引起動機案例：

教學活動流程	教學資源	時間分配	評量方式
一、引起動機 1.課本 P.24 　利用圖片引起學生興趣，並以學生之生活經驗為基礎，引導其以前所見之建築物為對稱圖形，使其踴躍回答問題，藉此引起共鳴。 　·圖1、2為對稱圖形 　·圖3為不對稱圖形	圖卡	3分鐘	

教學活動流程	教學資源	時間分配	評量方式
		2分鐘	

圖1　巴黎艾菲爾鐵塔

圖2　中正紀念堂

圖3　日月潭風景

| 2. 課本 P.25
　請學生拿出鏡子嘗試使課本上圖形的另一半映在鏡子裡，此可建立學生對圖形的雛形，亦可發展對稱軸的概念。 | 課本、圖卡 | 5分鐘 | |

☺ **例 2**：國小三年級下學期數學領域教學教案設計

單元名稱：第二單元：面積和體積

教材來源：南一版第六冊

引起動機案例：

教學活動流程	教學資源	時間分配	評量方式
一、引起動機 1. 詢問學生在日常生活中看到的建築物有哪些形狀？ 2. 詢問學生那些形狀大小是否一樣？不同形狀的差別在哪裡？		3分鐘	

☺ **例 3**：國小三年級上學期語文領域國語教學教案設計

單元名稱：第二單元：第四課　湖濱散記

教材來源：康軒版第五冊

引起動機案例：

教學活動流程	時間分配	指導要點與注意事項	教學資源	評量方式
【第一節】 一、引起動機 1. 請每一組學生各派一位同學分享大自然遊玩的照片。	5分鐘			

☺ **例 4**：國中二年級社會領域公民科教學教案設計

單元名稱：一步一腳印

教材來源：南一版

引起動機案例：

教學目標	教學活動流程	具體目標	指導要點與注意事項	教學資源	時間分配
1-1	一、引起動機 1.講解民主化的過程就像水滴匯聚成河流，並複習民主的意義。 2.講解臺灣的政黨政治能代表臺灣民主化。	學生聽講並能回答民主的主要意義。 學生正確瞭解臺灣政黨的活躍性。	講述法 講述法	筆記型電腦，附件一：power-point	3分鐘 2分鐘

☺ **例 5**：醫學領域教學教案設計

　　單元名稱：感官障礙之體驗——同理心

　　教材來源：自編

　　引起動機案例：

教學活動流程	教學資源	時間分配	評量方式
一、引起動機 1.教師介紹影片，引起學生學習興趣。 ・本片探討中途視障者生病經驗、心理重建、定向點字學習、職業訓練與就業等議題。	影片	5分鐘	

四、教學方法的採用 —— 教學要用對方法

　　教學方法的採用，影響教師教學實施的成效。透過教學方法的採用，可以引導教師在教學活動實施時的專業思考，教學方法在於系統的提供學生各種概念的學習，以及經驗的驗證。有關教學法的類型，一般將教學法分成下列幾個重要的方法：

(一)教學法的類型

1.傳統教學法

　　一般的傳統教學法，包括講述法、觀察法、問題教學法、啓發法、討論法、自學輔導法、社會化教學法、練習法、設計教學法、發表教學法、

單元教學法。

2.個別化教學法

個別化教學法包括文納特卡計畫、道爾敦計畫、莫禮生的精熟理念、卡羅的學校學習模式、凱勒的學習模式、編序教學法、精熟學習法、個別處方教學、適性教學模式等。

3.群性發展教學法

群性發展教學法包括群性化教學模式、合作教學法、協同教學法、分組探索教學法。

4.概念與思考教學法

概念與思考教學法包括創造思考教學法、批判思考教學法、多元智慧課程與教學法。

5.認知發展教學法

認知發展教學法包括道德討論教學法、價值澄清教學法、角色扮演教學法、探究教學法、電腦輔助教學法。

(二)教學法的運用

教學法的採用在教學設計中，扮演重要的角色。單元教學目標決定之後，教師應該依據目標決定採用的教學方法，以達到教學目標。教學方法的採用，一般會依據學科的性質，採用不同的教學方法。例如，國語領域和數學領域的教學方法，比較會偏向傳統教學法；藝能領域科目的教學法，偏向採用個別化教學法。

在教案中，如果決定採用哪一種教學方法，教師在設計教學活動時，就要依據該教學方法，決定教學流程與教學步驟。不同的教學方法，決定不同的教學流程。有關教學方法的定義與教學步驟，請參見本書第四章教學方法的採用。

五、教學目標的擬定──有目標才有方向

教學目標是教學計畫的指引方針，使教師對教學內容與程序有更清楚

的瞭解。教學目標是教師選擇教學活動及組織教學資源的依據，可用來研擬評鑑學生的方法（林進材，1997）。

(一)教學目標的地位

教學目標是教學活動的重要關鍵，引導教師瞭解教學活動實施所要達成的預期效果。透過教學目標的掌握，有助於教師在教學中隨時修正教學活動的內容，引導學生朝向既定的目標學習。教案中的教學目標所包含的內容是相當廣泛的，教案中的單元目標、具體目標、行為目標、能力指標等，都是屬於教學目標的範疇。

在撰寫教案時，要先瞭解該單元所要達成的教學目標是哪些？這些目標可以透過哪些理論與策略、活動與方法，達到預期的目標。如果忽略教學目標的重要性，在撰寫教案時無法依據目標而選擇教學理論與方法、教學資源與策略、教學時間與評量指標。

(二)教學目標的要素

一般而言，教學目標使教師對教學內容與程序有更清楚的瞭解，引導教師從事教學活動。教學目標包含五個要素（黃光雄，1988）：

1. 「誰」要完成此項合宜的行為。
2. 用來證實熟達目標的「實際行為」。
3. 用來評鑑以確定目標是否熟達的行為「結果」。
4. 完成行為的「有關條件」。
5. 用來評鑑結果或行為表現成功的「標準」。

(三)教學目標的領域

教學目標的分類，依據布魯姆（B. S. Bloom）的論點，分成認知領域、情意領域與技能領域（胡怡謙，2007）。

1. 認知領域（cognitive domain）

認知領域的教學目標，包括所有對人事物的思考、記憶、辨認、運用等。在內容方面，包括知識、理解、應用、分析、評鑑等。

2.情意領域（affective domain）

　　情意領域的教學目標，包括態度、興趣、信仰、價值觀及情感上的風格等。

3.技能領域（psychomotor domain）

　　技能領域的教學目標，包括幾個可見的外在表現動作或行為。

(四)教學目標的撰寫

　　教學目標在撰寫時，應該要注意目標本身的特性，並且以大家都可以瞭解的方式，將教學目標轉化成行為目標。在撰寫教學目標時，應該要遵守下列事項（胡怡謙，2007）：

1.以具體可觀察的行為動詞呈現，避免語意不清的動詞。

2.儘量以學習者的角度撰寫目標。

3.以學習者的學習最終結果撰寫目標。

4.目標的可行性要高，避免訂出超越教學者與學習者能力所及的範圍。

5.目標的用語要單純易懂，一項目標以一個具體行為為主。

6.目標的內容要周延完整。

　　有關教學目標的詳細內容，請參考本書第三章教學目標要怎麼寫。

(五)教學目標的例子

☺ **例1**：國中八年級地球科學教案設計

　　單元名稱：多變的天氣

　　教材來源：國民中學翰林版《地球科學》（全一冊）

　　教學目標例子：

單元目標	具體目標
(認知) 1-1 瞭解幾個常見的氣象名詞。	1-1-1 使學生瞭解天氣、氣候的意義。 1-1-2 學生能簡單說出何謂氣壓與等壓線。 1-1-3 學生能簡單說出何謂高氣壓與低氣壓。 1-1-4 學生能簡單說出何謂氣團。 1-1-5 學生能簡單說出鋒面，以及鋒面的類型。
1-2 瞭解臺灣常見的天氣與氣象現象。	1-2-1 學生能簡單說出季風的成因。 1-2-2 學生能簡單說出何謂梅雨。 1-2-3 學生能簡單說出何謂颱風，以及它的成因與發生地點。
1-3 瞭解地面觀測常見的氣象儀器。	1-3-1 使學生瞭解幾種常見儀器的用途。
(技能) 2-1 瞭解如何使用天氣圖。	2-1-1 瞭解如何使用天氣圖，以獲得資訊。
(情意) 3-1 使學生瞭解我們可能碰到的現象，也對一般媒體所見的名詞有所認識，避免發生不知道或誤解的情形。	3-1-1 藉由老師與學生的討論之間，提供學生對氣象的基本認識。

☺ **例 2**：國小三年級語文領域國語教案設計

單元名稱：阿瑪迪斯

教材來源：南一版國小三年級上學期（第十一課）

教學目標例子：

單元教學目標	具體行為目標
(認知) 1. 能認識莫札特的音樂創作。 2. 能瞭解圖像詩的趣味。 3. 能思考課文內容，並合理的歸納重點，表達意見。	1-1 能瞭解莫札特的生平。 1-2 能說出莫札特的音樂作品。 2-1 能說出圖像詩給人的感受。 3-1 能瞭解文章表達的意涵，以及歸納課文內容重點。 3-2 能學習如何清晰的表達自我意見。 3-3 能以正確的筆順寫出生字。

單元教學目標	具體行為目標
(技能) 4. 能嘗試用轉化技巧來形容音樂。	4-1 能以想像力描述音樂給你的感受。
(情意) 5. 能欣賞莫札特的各種音樂創作。 6. 能廣泛閱讀課外讀物以及養成閱讀的良好習慣。	5-1 能嘗試說出聽過莫札特音樂後的感受。 6-1 能學習廣泛閱讀課外讀物。

☺ **例 3**：國小三年級數學領域教案設計

單元名稱：第二單元：加法

教材來源：南一版第五冊

教學目標例子：

基本能力指標	教學目標	具體目標
N-1-05 N-1-07	(認知) 1-1 能理解題意及三位數不進位、進位的運算方法。 1-2 能理解三位數連續進位的運算方法。	1-1-1 認識三位數加法問題。 1-1-2 瞭解三位數加法如何運算。 1-2-1 認識三位數一次進位的方法。 1-2-2 能知道三位數連續進位的方法該在哪些題目裡運用。
N-1-02	(情意) 2-1 能察覺生活中與數學相關的情境。	2-1-1 觀察生活中哪些事物可以運用加法運算。
N-2-03 N-1-08	(技能) 3-1 能解決三位數不進位、進位的加法問題，並用直式計算。 3-2 能解決三位數連續進位的加法問題，並用直式計算。	3-1-2 能用直式記錄解題過程並計算。 3-2-1 能用直式計算連續進位的加法問題。

☺ **例 4**：國小六年級數學領域教學教案設計

單元名稱：圓面積

教材來源：南一版

教學目標例子：

基本能力指標	教學目標	具體目標
6-n-12 能理解圓面積與圓周長的公式，並計算簡單扇形面積。 6-s-01 能利用幾何形體的性質解決簡單的幾何問題。	1. 能應用圓面積公式，計算簡單扇形面積。 2. 能應用圓面積公式，解決複合圖形的面積。	1-1-1 知道圓面積的公式。 1-1-2 在具體情境中，知道要如何使用圓面積公式。 2-1-1 在具體情境中，能把圓面積用公式算出其量。 2-1-2 在具體情境中，能用中文簡記式表示圓面積，圓周長與柱體的體積公式。

☺ **例 5**：國小三年級英語領域教學教案設計

　　單元名稱：Lesson Two：A Pig Book

　　教材來源：ENJOY 6

　　教學目標例子：

基本能力指標	教學目標	具體目標
S-3-9 能正確說出單字、片語的重音。 L-3-2 能聽懂課堂中常用的詞彙、片語及基本簡易句子。 S-3-11 能吟唱和朗讀歌謠、韻文。 R-3-2 能看懂簡單的句子。	〔認知〕 1-1 學會字母拼讀技巧 〔情意〕 2-1 能增進學生識字能力。 〔技能〕 3-1 歡唱英語童謠。 3-2 增進學生的英語溝通以及認讀能力。	1-1-1 能正確拼出本課 PHONICS 單元中含母音/AI/的例字。 2-1-1 促使學生產生唱英語童謠的樂趣，藉此促進學生英語學習能力。 3-1-1 能歡唱出本課歌曲 The pig song。

☺ **例 6**：國小六年級下學期語文領域教案設計

　　單元名稱：第三單元：最後一片葉子

　　教材來源：南一版第十二冊

　　教學目標例子：

基本能力指標	教學目標	具體目標
3-2-1-2	(認知) 1-1 認識本課大意，瞭解文章內容。 (情意) 2-1 培養珍惜生命、關懷周遭人。 (技能) 3-1 透過具體操作活動，能進行對課文的賞析。	1-1-1 學生對於本課內容，能抓住重點並說出。 2-1-1 結合生活中的實例，將幫助他人的精神具體落實。 3-1-1 在具體情境中，能說話用詞正確，語意清晰，內容具體，主題明確。

☺ **例 7**：國小四年級下學期數學領域教案設計

單元名稱：第一單元：認識大數

教材來源：翰林版第八冊

教學目標例子：

基本能力指標	教學目標	具體目標
4-d-01 C-T-02	(認知) 1-1 從具體情境中，認識一兆以內各數的位值。 (情意) 2-1 學習一兆以內的數，能在生活情境中表現出來。 (技能) 3-1 透過具體操作活動，學習一兆以內各數的說、讀、聽、寫、做。	1-1-1 在具體情境中，能把幾個億、萬、一的量用數字表示。 1-1-2 能將數字分解成幾個億、萬、一。 2-1-1 結合生活中實例，將「兆」以內的數運用在生活中的舉例。 3-1-1 在具體情境中，透過累加幾個億、萬、一的數數活動，說出和寫出一兆以內各數的數詞序列。

☺ **例 8**：國中生物科教案設計

單元名稱：第八章　第四節突變、第五節人類的遺傳

教材來源：翰林版第二冊

教學目標例子：

單元目標	具體目標
認知 1.瞭解突變的發生、定義及其重要性。 2. 知道突變的發現過程。 3. 知道人類性狀遺傳的種類。 4. 知道單基因遺傳與多基因遺傳的區別。	1-1 能解釋突變的定義。 1-2 能說出突變的種類。 1-3 能舉例說明突變的重要性。 1-4 做到避免有害物質對人體的過度傷害。 2-1 能說出突變的發現。 3-1 能說出人類性狀遺傳的種類。 3-2 能分辨人類性狀的遺傳。 4-1 能舉例說明單基因遺傳的意義。 4-2 能舉例說明多基因遺傳的意義。
技能 1. 能觀察周遭的人。 2. 溝通能力。 3. 蒐集資料的能力。 4. 具備發表報告的能力。	1-1 能分辨人類擁有哪些性狀並分辨之。 2-2 充分表達自己的意見。 3-1 能從各方面吸收有關突變、性狀的資料。 3-2 並廣泛蒐集相關資料。 4-1 能把討論時的意見整合發表。
情意 1. 具備合作的態度。 2. 能尊重他人。 3. 培養耐心、細心、專注。	1-1 在小組中能互相幫助分工合作。 2-1 能尊重他人的發表與意見。 3-1 用心參與各項教學活動。

☺ **例9**：國小六年級下學期數學領域教案設計

單元名稱：分數的除法：真分數、帶（假）分數除以整數

教材來源：南一版第十二冊

教學目標例子：

基本能力指標	教學目標	具體目標
	認知 1-1 瞭解除法原理。	1-1-1 瞭解「包含除」，以及使用時機。

基本能力指標	教學目標	具體目標
	1-2 理解分數的乘除法。	1-1-2 瞭解「等分除」，以及使用時機。 1-2-1 透過複習，瞭解分數乘法。 1-2-2 透過教學，瞭解分數除法。
	(情意) 2-1 能察覺分數除法的運算格式。 2-2 能培養學生透過情境，可知道如何使用分數的四則運算。	2-1-1 熟知題型變化，所需使用的運算格式。 2-2-1 培養學生瞭解分數的四則運算應該應用在何種情境。 2-2-2 觀察分數的乘法與除法之間差別。
	(技能) 3-1 能在具體情境中，解決分數除以整數的問題。 3-2 能在具體情境中，解決分數除以分數的問題。 3-3 能在具體情境中，解決整數除以分數的問題。	3-1-1 能在具體情境中，解決真分數除以整數的問題。 3-1-2 能在具體情境中，解決假（帶）分數除以整數的問題。 3-2-1 能在具體情境中，解決真分數除以真分數的問題。 3-2-2 能在具體情境中，解決假（帶）分數除以真分數的問題。 3-3-1 能在具體情境中，解決整數除以真（假）分數的問題。

☺ **例 10**：國小五年級下學期語文領域教案設計

單元名稱：第十三課 冰雹與雪的聯想

教材來源：翰林版國小五下

教學目標例子：

能力指標	教學目標
2-3-1-1 能養成耐心聆聽的態度。 3-3-3 能表現良好的言談。 3-3-1 能和他人交換意見，口述見聞，或當中簡要演說。 4-3-1-1 能利用簡易的六書原則，輔助認字，理解字義。	(認知) 1. 瞭解寫景、記事的記敘文，可融入當地的建築景物、風土民情來描寫。 2. 瞭解如何由冰雹產生雪的聯想。

能力指標	教學目標
4-3-1-2 能利用生字造詞。 4-3-1-3 能利用新詞造句。 5-3-1 能掌握文章要點，並熟習字詞句型。 5-3-3-1 能瞭解文章的主旨、取材和結構。 6-3-4-1 能學習敘述、描寫、說明、議論、抒情等表述方式，練習寫作。	(技能) 1. 會運用譬喻修辭來描寫景物，並可模仿本文，寫出寫景、記事等記敘文。 2. 會運用聯想方式來寫作文章，並能適切利用本文語詞。 (情意) 1. 培養學生享受旅遊帶來的生活情趣，並能體會越洋電話解鄉愁的深刻情感。 2. 明瞭旅遊可以增廣見聞，培養感覺、想像、審美的情意，以提升生活品質。

六、教學活動與流程——掌握活動掌握流程

　　教學活動與流程在教案撰寫時，指的是準備活動、發展活動與綜合活動三個階段的教學活動與流程。教師在教學設計階段，要先瞭解教學目標或單元目標的主要內涵，結合教材來源、教學資源等，做系統化、科學化的教案設計。將教學活動中的教學目標、教學方法、教學理論、教學策略、教學資源、教學評量等，在教學活動與流程中呈現。讓使用教案的教學者，可以瞭解教案中的教學活動與流程所代表的意義。

(一)教學活動的項目

　　一般教案中的教學活動與流程，包括準備活動、發展活動與綜合活動。有關教學活動的項目，簡要說明如下：

1.準備活動

　　教學的準備活動階段，包括教學前的準備活動與教學後的準備活動。教學前的準備活動，指的是在進行教學設計時，撰寫教案階段所構思的各種教學準備活動；教學後的準備活動，指的是每一節（或課）結束後，課與課間的準備活動。在教案中的準備活動，包括「課前準備」與「引起動機」二項。

2.發展活動

教學的發展活動階段，包括實際單元內容的教與學活動，在發展活動階段，教師必須掌握與教學有關的各種要素，透過各種預定的活動（或現場修正的活動），引導學生進行學習，以達到預期的教學目標。發展活動的內容，包括各種認知方法、學習方法與教學活動等。每一個概念（或小單元）的教學，都會在發展活動階段呈現。

3.綜合活動

教學的綜合活動階段，指的是教學歷程中的最後一個階段，在該階段的活動，通常包括「綜合該節課教學」、「總結性評量」、「提示下一節課重點」等三個主要的步驟。在教學綜合活動階段，教師除了提醒學生該節課的重點，進行歸納外，也應提示下一單元（或下一節課）的教學重點。

(二)教學活動的撰寫原則

教學活動與流程在教案撰寫時，應該要以教師教學活動名稱或學生學習活動名稱為主，讓每一位教學者可以瞭解教案的實質意義。有關教學活動的撰寫原則，簡要說明如下：

1.以教師教學活動名稱為主

教案撰寫時在教學活動方面，儘量以教師教學活動名稱為主，讓每一位教學者可以依據教案的內容進行教學。避免以教師在教學中要講的話做為教學活動的主體。

➤正例

教師透過問題引導學生閱讀的意義。

➤反例

教師：你認識這些東西嗎？你有讀過其中哪幾種呢？為什麼要讀它呢？它有什麼用處？平常你喜歡讀什麼書呢？為什麼？最近一個禮拜讀了什麼？為什麼？

2.以學生學習活動名稱為主

　　教師在進行學習活動規劃時，應該以學生的學習活動名稱做為規劃設計的主軸，避免將學生要回答的話，或是教師要講的話，做為教案設計的重點。

➤正例

教師引導學生進行「水的三態」實驗活動。

➤反例

教師：你們知道水有固態、液態、氣態三種形式嗎？我們今天要做的實驗，就是要瞭解水有哪三種狀態，每一組同學要將實驗器材準備好，……。

3.提示重要的概念學習

　　教案中教學活動流程的研擬，要適時地提示重要的學習概念，讓教學者可以瞭解該概念教學的重點和關鍵點。

4.提示重要的教學概念

　　教學活動流程的研擬，要配合單元教學目標與行為目標的內容，將重要的教學概念呈現出來，讓教學者可以瞭解教學流程的重要概念，配合實際的教學活動需要與學生的反應，隨時進行修正。

5.以簡要為原則避免繁瑣的字句

　　教學活動流程儘量以簡要原則呈現，避免使用過於繁瑣的字句，或是將教師在教學中所要講的話，一一地寫出來，造成教師在備課時的時間負擔，使得每一位教學者在課前花太多的時間，在背誦教案中註記的教學活動所要講的話。

(三)教學活動的例子

　　教學活動在教學設計與教案撰寫中，是相當重要的一項，影響教學活動的實施與教學目標達成的效果。一般不同學科的教學活動與流程，在規劃設計上大都以教學活動與概念教學為主。有關教學活動與流程的研擬，舉例如下：

☺ **例 1**：國小三年級上學期數學領域教學教案設計

單元名稱：第二單元 10000 以內的數，第一節幾個千

教材來源：部編版第五冊

教學活動與流程

壹、準備活動

一、課前準備

教師：課本習作的題目條、百格板、千格版、數線圖兩張、黑板。

學生：附件二、三，代表百、千的積木卡，課本、習作、小白板。

二、引起動機

教師透過複習以前學過的連續數字概念，讓學生回憶幾個十是百、幾個百是千的概念。

貳、發展活動

一、從 0 開始，每 100 個一數，數到 1000

1. 教師請學生拿出附件二的圖卡，開始每 100 個一數，數到 1000 共有幾張圖卡。

2. 教師會問，請學生解答，並帶到下一個活動。

二、從 0 開始，每 1000 個一數，數到 10000

1. 教師請學生拿出附件二的圖卡，開始每 1000 個一數，數到 10000 共有幾張圖卡。

2. 教師會發問，請學生解答，並帶到下一個活動。

三、請畫畫看數線圖

1. 教師指導千和萬的阿拉伯數字寫法，請學生小組合作，把百、千、萬的數線圖畫出來。

2. 教師請學生回想十、百、千、萬的數數中有何特點？

參、綜合活動

一、教師歸納本節課的教學重點，並帶到下堂課上課概念。

二、教師會用 1、10、100、1000 教導個、十、百、千、萬位的位置，
　　並請學生記起來。

三、提示下一節課重點。

☺ **例 2**：國小六年級下學期數學領域教案設計

單元名稱：第一單元：分數的除法　第一課：眞分數、帶（假）分數
　　　　　除以整數

教材來源：南一版第十二冊

教學活動與流程

壹、準備活動

一、課前準備

教師：整理相關分數除法教學情境與題型。

學生：複習整數除法觀念與分數乘法運算。

二、引起動機

　　透過說故事，引導學生思考：不是整數的數字，可以運用除法找
到答案嗎？

貳、發展活動

一、活動一：真分數除以整數

◎布題 1：一盒月餅有 10 個，把 4/5 盒平分給 2 人，每人可得多少
　個月餅？

➤ 將學生分成小組，討論提議，並且討論該如何解題。

➤ 教師示範教學：

　1. 算出 4/5 盒共有（10×4/5 = 8 個）月餅

　2. 再把 8 個平分給 2 人，8/2 = 4 個

➤ 引導學生利用眞分數除法：

1. 先將 4/5 盒平分給 2 人，(4/5)÷2 = 4/10

2. 再將 4/10×一盒有 10 個 = 4 個

3. 所以一人可以分到 4 個月餅

　・4/10 中分母的 10 是怎麼來的？

　・瞭解「等分除」運用方式和情境、題型。

二、活動二：假（帶）分數除以整數

◎布題 2：5 包飼料共重 10(1/2)公斤，1 包飼料重多少公斤？

➤ 將學生分成小組，討論提議，並且討論該如何解題。

➤ 引導學生利用假（帶）分數除法：

10(1/2)公斤÷5 包

➤ 先化為假分數再做除法運算：

= 2(1/10)公斤

　・瞭解「包含除」運用方式和情境、題型。

參、綜合活動

思考問題：想想看上面兩種分數除法題型，有什麼不同？

☺ **例 3**：國小四年級上學期語文領域教學教案設計

單元名稱：第一單元：尊重生命

教材來源：翰林版國小四下　國語第二課　勇敢的小巨人

設計者：蘇敬為

教學活動與流程

一、準備活動

◎教師

1. 製作或蒐集所需教具，並蒐集補充資料。

2. 蒐集有關周大觀、杏林子、乙武洋匡、楊恩典、謝坤山的人生故

事、資料或影片。

4.指導學生自行預習本課內容上網搜尋有關杏林子、乙武洋匡、楊恩典、謝坤山的資料先行閱讀，並分組準備課堂討論、發表。

◎學生

1.預習課文。

2.搜尋有關周大觀的資料。

3.以組為單位蒐集杏林子、乙武洋匡、楊恩典、謝坤山的相關故事、資料或影片。

二、發展活動

(一)引起動機

➤ 請學生分享杏林子、乙武洋匡、楊恩典、謝坤山的相關故事、資料或影片。

➤ 教師視狀況補充分享所蒐集的杏林子、乙武洋匡、楊恩典、謝坤山的相關故事、資料或影片。

(二)概覽課文

➤ 朗讀高手比賽

・讓學生兩兩一組互相練習念課文。

・以小組為單位每組抽一位學生進行朗讀比賽，並為小組加分。

・讓學生再念一次課文。

(三)摘取大意

➤ 採以「問問題」的形式，引導學生說出本課大意。

T：誰要告訴老師，這一課的主角叫什麼名字？（周大觀）

T：為什麼周大觀會住進醫院？（因為他右腿長了腫瘤）

T：醫生打算怎麼治療周大觀右腿的腫瘤？（截肢）

T：周大觀看到很多癌症病童沒有病房可以使用，於是他做了什麼事？（他寫信給衛生署希望這些兒童都有屬於自己的病房，並

得到最好的醫治跟照顧。）

T：當醫生宣布周大觀的病已經醫不好，周大觀有什麼想法？（我是病人，不是犯人，我要勇敢的活下去。）

T：周大觀去世後，他的父母做了什麼事？

（成立周大觀文教基金會並設立「全球熱愛生命獎章」。）

T：周大觀生前的心願及夢想是什麼？（鼓勵更多的病人勇敢的活下去）

T：我們問了這麼多問題後，有誰可以告訴我這一課大概在說什麼？

➤ 歸納大意：由周大觀勇敢對抗病魔的過程，體會生命的意義和重要性。

三、綜合活動

單元及本課主旨配合活動：

➤ 課文段落大意架構：貼出挖空內容的段落架構圖，讓學生競賽上臺告訴大家段落大意。

➤ 交代回家作業：學生回家查生字筆畫與相關字詞。

☺ **例 4**：國小五年級上學期數學領域教學教案設計

單元名稱：第三單元　第一課

教材來源：南一版第九冊

教學活動與流程

壹、準備活動

一、課前準備

教師：情境圖、圖卡、鉛垂、三角板。

學生：色紙、鉛垂、三角板、習作。

二、引起動機

透過情境圖讓學生觀察屋頂的造型，討論、發表其形狀。

貳、發展活動

進行「分組」，全班按座位分成六大組。

◎活動一：認識相互垂直的線

1. 從情境圖中找出鉛垂線和水平線。

2. 學生從課本 P.29 中找出紅色和綠色兩條直線相交所成的直角，並做上記號。

3. 學生分組討論，觀察情境圖中窗戶的框架。

4. 老師進一步教導認識兩條直線相交所形成的角是直角時，這兩條直線「互相垂直」。

5. 利用三角板畫出相互垂直的線。

◎活動二：動手折折看

1. 學生按照課本 P.29 的步驟，折出相互垂直的線。

2. 學生在色紙上用筆畫出兩條相互垂直的線，並做上記號。

3. 學生分組發表操作的過程和結果。

4. 最後找找教室內哪裡有相互垂直的線。

參、綜合活動

1. 複習：平行、鉛垂線的基本特性，平行線和鉛垂線所形成的角度關係。

2. 指定作業：習作 P.15 寫完，下次課堂上討論訂正。

七、教學資源的運用──怎樣讓教學左右逢源

教學資源的運用，有助於教學效果與學習效能的提升，在教學設計階

段，教師應該針對教學目標，規劃教學資源的運用。教學資源的內容是相當廣的，舉凡對教師的教學活動進行與學生學習活動進行，有任何幫助或有輔助作用的，都是教學資源的內容。

(一)教學資源的內容

一般在教學設計時，考量的教學資源，包括：(1)人的資源；(2)事的資源；(3)時的資源；(4)地的資源；(5)物的資源；(6)團體與組織的資源；(7)資訊與科技。在教案設計中，教學資源的運用要考量教學目標與學習效果的達成。

(二)教學資源的選擇

教學資源的選擇依據教師在實際教學中的需要，而做各種不同的選擇，通常選擇教學資源會依據下列要點而定（林進材，2010）：(1)依據教學目標而選擇；(2)依據學科性質而選擇；(3)依據學習者的特質而選擇；(4)依據實用性而選擇；(5)依據資源特性而選擇；(6)依據資源內容而選擇；(7)以周邊可運用的資源為優先；(8)依據學習者的成熟度而選擇。

(三)選擇教學資源考量的因素

教學資源的選擇由教師依據個人的喜好或受限於各種現實條件而作不同的決定。教師在選擇教學資源時應該考量的因素，包括：(1)教學要件；(2)媒體的特性；(3)外在條件等。教學資源的選擇與應用，攸關教學活動實施的成效，優質的教學資源對教學活動具有相輔相成的作用，對教學目標的達成有正面的效果。有關教學資源的運用，請參考本書第六章教學資源要怎麼選擇。

八、教學時間的管理——多少時間做多少事

教學時間的運用，在教學活動計畫中，是屬於比較彈性的一環。教師可以依據教學實際上的需要，決定單元教學時間的多寡。目前國小階段的教學活動，一節課為 40 分鐘；國中階段的教學活動，一節課為 45 分鐘；

高中及大學階段的教學活動，一節課為 50 分鐘。教師在設計教學活動時，可以依據教學活動內容，以及單元教學目標上的需要等，決定教學時間的管理與運用。

(一)教學時間的管理

教學時間的管理，攸關教學活動的進行，以及教學成效的評估問題。教師在學期開始階段，就應該要先規劃設計學期計畫，進而規劃單元教學計畫。依據學校的行事曆，做為時間規劃管理的參考，避免教學進度和學校的行事曆出現執行上的問題。

(二)教案設計中的教學時間分配原則

在教案設計中的教學分配，有一些共同性的原則，需要教師遵守，茲簡要說明如下：

1.引起動機以 3～5 分鐘為原則

在教案撰寫時，引起動機的時間規劃，以 3～5 分鐘為原則，不可以超過 5 分鐘，避免影響正式教學活動的進行。

2.概念教學活動以 5 分鐘為原則

在教案設計時，教師的教學活動，每一概念的教學時間，以 5 分鐘為原則，不可以超過 5 分鐘。在教案中的教學活動與流程，時間的分配以合理合宜為主。

3.準備階段的時間不可超過發展活動

在準備階段，時間的管理和運用不可超過發展活動。準備階段一般會分成二個階段，一個是教學前的準備，另一個是引起動機。通常引起動機的作用在於點燃學習熱情，應該以 3～5 分鐘為原則。

4.綜合活動以 5 分鐘為原則

綜合活動的主要用意，在於歸納該節課的重點，讓學生瞭解該節課的教學與概念，並且透過綜合活動提示新的教學計畫。因此，一般的綜合活動時間以 5 分鐘為原則。

(三)教學時間的運用

　　教案中的教學時間分配，一般僅供教師在教學實施時的參考，教師可以依據實際上的需要，做時間的管理和運用。如果教學進度緩慢，或學生的學習落後，無法和教案的進度配合，教師就應該在時間上做適度的修正；如果學生的學習進度超前的話，在時間的運用上教師就必須調整單元教學進度，以符合實際教學上的需要。

九、教學評量方法與標準的決定──確定教學目標的達成

　　教學評量活動是在完成每個教學單元時，評鑑學生以確定教學是否成功達成該單元的目標。教學評量協助教師瞭解學生的學習變化情形，同時引導教師反省教學活動的實施情形，做為改進教學的參考，並據而形成新的教學計畫（林進材，2010）。

(一)教學評量的功能

　　一般教學評量在教學活動中，至少具備幾個主要的功能：

1. 瞭解教學目標的達成情形。
2. 理解學生學習的變化情形。
3. 做為是否補救教學的依據。
4. 瞭解學生的學習特質、性向與學習成就，以判斷學習效果。
5. 做為診斷、治療與補救教學措施。
6. 發展與研究的功能。
7. 媒觸學習動機。

(二)教學評量的類型

　　教學評量從性能和時間方面來看，教學評量分成形成性評量、總結性評量、標準參照評量、常模參照評量、最大表現評量、典型表現評量、安置性評量與診斷性評量等。

(三)有效的教學評量

有效的教學評量應該包括三個重要層面：(1)教師的教學效率之評量；(2)學生的學習成就之評量；(3)課程的設計與實施之評量。

(四)教學評量與教學活動

教學評量與教學活動的關係是相當密切的，教學活動透過評量方式，瞭解教學實施的成效，以及教學需要修改的地方；教學評量透過教學活動，瞭解評量本身的特性，以及評量方法與標準需要調整之處。

(五)教案中的教學評量

教案中的教學評量所指涉的範圍是比較狹隘的，因為評量方法與標準的擬定，必須依據教學目標而定。教學評量方法的決定，必須針對不同學科與不同單元的性質，決定採用的教學評量方法；教學評量標準的擬定，需要配合該單元的行為目標，擬定教學評量的標準。

有關教學評量的詳細規範與格式，請參考本書第七章教學評量標準要怎麼定。

☺ **例 1**：國小三年級上學期數學領域教學教案設計

單元名稱：第二單元：加法

教材來源：南一版第五冊

教學目標：1-1-1 認識三位數加法問題。

評量標準：學生能正確進行三位數的加法。

☺ **例 2**：國小六年級上學期數學領域教學教案設計

單元名稱：第五單元：第一課　放大與縮小

教材來源：翰林版第十一冊

教學目標：1-1-1 能知道如何使用比例尺。

評量標準：學生能正確使用比例尺。

☺ **例 3**：國小六年級上學期數學領域教學教案設計

單元名稱：第五單元：第一課　放大與縮小

教材來源：翰林版第十一冊

教學目標：3-1-1 能畫出簡單的圖形縮圖與放大圖。

評量標準：學生能正確畫出縮小圖與放大圖。

☺ **例 4**：國小五年級上學期語文領域教學教案設計

單元名稱：第十四課　與作家有約

教材來源：康軒版第十一冊

教學目標：1-5-1 能運用課本佳句練習仿寫出相關的句子。

教學評量：學生能運用課本佳句練習正確仿寫出二個句子。

☺ **例 5**：高級中學一年級上學期數學領域教學教案設計

單元名稱：數學歸納法

教材來源：高中數學（龍騰版）第一冊及（南一版）第一冊

教學目標：1-1-1 熟悉數學歸納法的步驟。

教學評量：學生正確舉出數學歸納法的步驟，並且可以舉例。

☺ **例 6**：護理學院護理系三年級基礎護理技術教案設計

單元名稱：麻醉床

教材來源：滄州醫學高等專科學校教案

教學目標：3-1-1 在為病人更換床單過程中培養團隊協作觀念。

教學評量：透過團隊合作方式正確為病人更換床單。

☺ **例 7**：國小藝術與人文領域教學教案設計

單元名稱：我的另一張臉

教材來源：自編

教學目標：2-1-1 能夠展現並表達出自己所設計的面具之構想。

教學評量：學生正確表達出自己設計的面具構想。

☺ **例 8**：國中九年級社會領域歷史科教學教案設計

單元名稱：第五單元：第一課　古埃及文明

教材來源：翰林版第五冊

教學目標：2-2-2 能說出古埃及科技的成就。

教學評量：學生能正確說出古埃及科技的成就。

☺ **例 9**：國民小學自然生活與科技領域自然科學教學教案設計

單元名稱：愛乾淨會汙染環境嗎──清潔劑對環境的汙染

教材來源：自編教材

教學目標：1-1-1 能說出環境中有哪些汙染。

教學評量：學生能正確說出三種環境中的汙染現象。

☺ **例 10**：國中七年級上學期電腦教學教案設計

單元名稱：打扮你的 Windows XP

教材來源：九年一貫：認識電腦（松崗）　第四章

教學目標：1-2-1 能隨自己的喜好，變更桌面圖案。

教學評量：學生能隨自己的喜好正確變更電腦桌面圖案。

教學目標要怎麼寫

本章的重點在於說明教案設計中，教學目標要怎麼寫的問題。由於教學目標是教案設計的重點，教學活動實施的依據。因此，清楚地說明教育目標系統、單元目標、行為目標、認知領域教學目標、情意領域教學目標、技能領域教學目標與行為目標的準則，有助於教師撰寫教學設計時的參考，並且釐清各種與教學目標有關的迷思和概念。

一、教育目標系統與說明

教育目標的系統概念，包括教育宗旨、教育目標、國民教育目標、學科課程目標、單元目標、行為目標等（參見圖 3-1）。本書的重點在於單元目標與行為目標，有關教育目標、國民教育目標、學科課程目標等概念，僅提供做為參考。

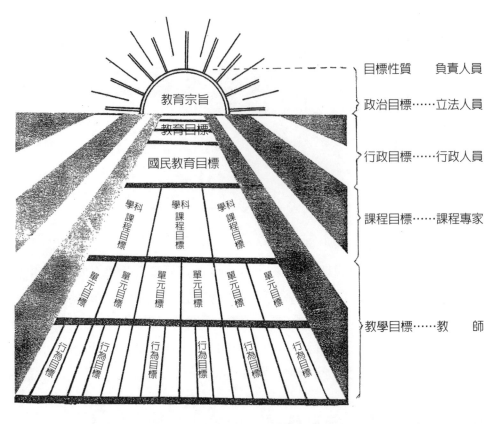

目標性質　　負責人員

政治目標……立法人員

行政目標……行政人員

課程目標……課程專家

教學目標……教　　師

教育宗旨

教育目標

國民教育目標

學科課程目標

學科課程目標

學科課程目標

單元目標

單元目標

單元目標

單元目標

單元目標

單元目標

行為目標

行為目標

行為目標

行為目標

行為目標

行為目標

◢圖3-1　教育目標系統圖（修改自羅鴻祥，1976）

二、單元目標的撰寫

　　單元目標主要的意義，在於概念教學之後，所預期的學習行為變化。一般而言，單元目標包括認知層面目標、技能層面目標與情意層面目標。單元目標的擬定，在教案撰寫歷程中，屬於關鍵的階段。因為，單元目標的擬定，影響教學活動的規劃與實施。

(一)單元目標的分類

　　單元目標的主要作用在於規範教學行為的範圍與重心，讓教師瞭解教學活動實施後，所要達成的目標是哪些？單元目標是課程與教學目標的

一部分，在完成一個單元目標之後，代表著完成一個教學目標（或課程目標）。單元目標的分類，參見圖3-2（羅鴻祥，1971）。

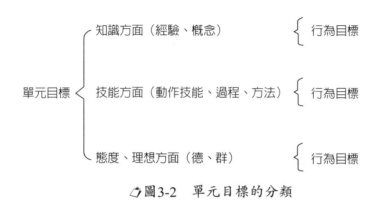

單元目標
- 知識方面（經驗、概念）｛行為目標
- 技能方面（動作技能、過程、方法）｛行為目標
- 態度、理想方面（德、群）｛行為目標

✑圖3-2 單元目標的分類

　　有關單元目標的認知、情意、技能層面的目標與撰寫的規範，請參考本章第四、五、六節部分。

(二)單元目標的重要概念

　　單元目標是教學設計的重要核心，教師在進行教案撰寫時，要先掌握單元目標的內涵，依據單元目標進行教案設計與教學活動規劃，才能提高教案的可行性和精確性。

1.單元目標的內涵要具體可行

　　單元目標的撰寫研擬，在內涵方面要符合具體可行的標準，避免因為單元目標過於抽象籠統，影響教學效果的評估，導致教學結束後無法精確地評估教學效果，或是教學目標是否達成的質疑。

2.單元目標的形式以行為目標為原則

　　單元目標應該要以行為目標的方式呈現，並且能夠在教學設計時轉換成行為指標，透過具體行為表現的方式，轉化成教學評量標準，讓教師瞭解在教學過程中，如何選擇經驗以達到預期的目標。

3.單元目標以達成課程與教學目標為主

　　單元目標的擬定主要目的在於達成教學目標，並達成學校層級的課程

目標。因此，教師在擬定單元目標時，要先瞭解教學目標的內涵，透過教學目標的內涵，將教學目標區分成幾個重要的單元目標。如此，幾個單元目標的達成才能達成教學目標，進而達成該課程的目標。

4.單元目標要囊括認知、情意、技能目標

完整的單元目標內容要能囊括認知、情意、技能三個主要的目標，因此單元目標的研擬，除了要涵蓋三個層面的目標之外，也要在教學實施中顧及每一個層面目標的達成。

5.單元目標要能轉換成評量標準

單元目標本身要能轉化成教學評量的標準，由於目標本身除了引導教學活動的進行，也要透過目標的達成確保教學品質的提升，以及學習效果的達成。教師在撰寫教案時，要具體將單元目標以行為目標的方式呈現，同時將各個行為目標轉化成教學評量標準。

(三)訂定單元目標的程序

1.擬定單元名稱

單元目標名稱的擬定，要依據課程與教學名稱而定。單元名稱要能引起學生的學習興趣和學習動機為主，文字運用以學生能理解的程度為宜。

2.確定單元的課程地位

擬定單元名稱之後，要確定單元在課程教學中的地位。例如，國小五年級上學期的數學領域教學，單元的內容要能配合五年級上學期數學領域科目教學的主要目標。

3.決定單元的範圍

單元範圍的決定，在內容方面包括哪一領域教學（或學科教學）？要學到哪些程度？教學時間有多少？是否需要和其他學科配合教學等等。

4.選擇適用的教材

單元目標和範圍決定之後，教師可以依據教學目標的性質，選擇適用的教材教具。教材的選擇應以現有的材料為主，必要時才進行教材方面的設計。一般的中小學教科書出版單位，通常會依據教科書內容，提供現成

的教材資源，讓教師在教學中使用。

5.分析學生的學習經驗

在學生學習經驗的分析方面，包括本單元希望學生學到哪些基本的概念？在以前的單元中，學生已經學會哪些概念？哪些概念是需要重複學習的？哪些是新的概念需要學習？哪些是未來還要學習的概念？哪一個單元的學習和本單元有關係？哪些科目的學習要和本單元相互聯繫？以上的問題是教師在撰寫教案時，需要給予釐清並且納入單元設計的重點。

6.確認學生的學習能力

學生學習經驗分析之後，教師要針對單元學習所需要的能力，和學生的學習能力相互配合，做為教學設計的參考。例如，在國小高年級數學領域的教學中，教師想要教學生問題解決策略單元時，要瞭解學生在數學邏輯方面的能力如何，才能在教學活動中，引導學生解決各種假設情境問題。

7.分析目標的內涵

分析單元教學目標的內涵，並且撰寫單元教學目標，提供教師在教學活動設計的參考，教師可以針對單元目標的內涵，選擇教學活動與教學經驗，提供學生學習方面的素材。

8.分析教材結構與內容

單元目標確定之後，接下來的工作在於分析教材結構與內容，並且轉換成為教學活動與步驟，做為教學轉化的參考。

9.撰寫單元目標

分析教材結構與內容之後，教師就可以撰寫單元目標。

10.選擇適當的用詞

單元目標與行為目標的內容，在撰寫過程中應該要有所區隔。因此，在撰寫單元目標時，應該要用比較大的動詞。例如明瞭、瞭解、欣賞、學會等（羅鴻祥，1971）。

11. 檢核單元目標

　　完成單元目標的撰寫之後，在實施教學前，應該針對單元目標進行檢核工作。有關單元目標的檢核，請參考本節第四部分單元目標的研擬標準。

12. 完成單元目標。

(四)單元目標的研擬標準

　　單元目標的形式，通常會以行為目標的方式呈現。一般單元目標的研擬，應該要遵守下列標準：

1. 單元目標和教學目標與課程目標是否一致？或是有重疊的地方？

2. 單元目標所要求的項目，在預定的時間內可以學完嗎？

3. 單元目標是否考慮學生的舊經驗？

4. 單元目標是否考慮學生的學習能力？

5. 單元目標和行為目標的一致性如何？

6. 單元目標是否轉化成行為目標？

7. 單元目標有做過系統的分析嗎？

8. 教材的內容有做過系統性的分析嗎？

9. 單元目標和教材內容相呼應嗎？

10. 單元目標重點的選擇適合嗎？

11. 單元目標和學科目標可以契合嗎？

12. 單元目標容易達到嗎？

13. 單元目標可以和學科教學相互配合嗎？

14. 單元目標和前一個單元的目標是否有重複的現象？

15. 單元目標和先前單元目標連貫性如何？

16. 單元目標和未來單元目標延續性如何？

17. 單元目標可以囊括高層次的學習嗎？

18. 單元目標可以囊括低層次的學習嗎？

19. 單元目標所涉及的教學活動可以相互結合嗎？

20. 單元目標所涉及的學習活動可以相互結合嗎？

21. 單元目標的先後順序是否一致？

22. 達成單元目標所需要的時間適當嗎？

(五)單元目標撰寫例子

☺ **例 1**：國小五年級上學期鄉土教材教案設計

　　單元名稱：永華偎海邊

　　教材來源：謝佳柔編

單元目標

1-1：學生能認識臺灣形成後到目前的主要過程。

1-2：學生能認識臺江內海的發展和主要的意義。

1-3：學生能瞭解臺灣歷史人物陳永華之事蹟。

2-1：能透過史蹟的觀察與討論，經驗並同理陳永華對臺灣發展的貢獻。

3-1：能透過分組合作學習方式，完成有關本單元的指定作業。

☺ **例 2**：國中八年級上學期理化科教案設計

　　單元名稱：第四章　4-3 光的折射與透鏡

　　教材來源：康軒版第三冊

單元目標

1-1：學生能夠知道凹、凸透鏡對光線具有發散、匯聚的功能。

1-2：學生能夠正確的觀察凹、凸透鏡的成像。

2-1：學生能培養探討觀察的能力。

2-2：學生能培養觀察的興趣。

3-1：學生能具備操作實驗的能力。

3-2：學生能具備歸納的能力。

3-3：學生能正確具備團體討論的能力。

☺ **例 3**：國中七年級下學期兩性教育教案設計

單元名稱：扮演好性別角色

教材來源：仁林版輔導活動課本

單元目標

1-1：學生能瞭解性別角色之刻板印象的意義。

2-1：學生能夠透過生活經驗，啟發思考兩性平等的內涵，察覺社會、學校、家庭對性別塑造的影響。

3-1：學生能體會自己的性別角色，並賦予正確的性別期待，建構兩性平權的情感和觀念。

☺ **例 4**：高級中學二年級上學期家政科教案設計

單元名稱：第二單元：服飾的搭配原則

教材來源：南一版第三冊

單元目標

1-1：學生能夠正確瞭解色彩搭配技巧。

1-2：學生能夠正確認識線條的語言。

1-3：學生能夠正確體會服裝色彩與線條的應用效果。

2-1：學生樂於運用服裝搭配的技巧於日常生活中。

3-1：學生能夠正確判斷自己的臉型、膚色和體型。

3-2：學生能夠正確參照自己外型特點搭配相關的服飾。

☺ **例 5**：高級中學一年級上學期數學科教案設計

單元名稱：數學歸納法

教材來源：龍騰版第一冊及南一版第一冊

單元目標

1-1：學生瞭解數學歸納法的背景和發展歷史。

2-1：學生能從事例中摸索出規律，並且瞭解規律的運用。

3-1：學生能正確運用數學歸納法的步驟。

☺ **例 6**：國小三年級上學期英語科教案設計

單元名稱：第三冊 Lesson 4

教材來源：Enjoy

單元目標

1-1：學生能瞭解 spider, bee, bug, worm 這四個單字的意思。

1-2：學生能辨識基本的英語語音。

2-1：學生能夠欣賞英語兒歌韻文之美。

2-2：學生對於教師的說明和演示，能專心聽講並集中注意力。

2-3：學生樂於將英語單字運用在生活中。

3-1：學生能正確將課程對話運用於生活中。

3-2：學生能認出自己學過的字母。

3-3：學生能正確寫出字母。

3-4：學生能正確吟唱出歌謠與韻文。

☺ **例 7**：國小五年級藝術與人文教案設計

單元名稱：我的另一張臉

教材來源：自編

單元目標

1-1：學生能瞭解面具的由來、意義和功能。

1-2：學生能夠瞭解各種造型的差異。

1-3：學生能夠瞭解臉部的結構。

2-1：學生能激發自己的想像力和創造力。

2-2：學生願意分享面具對現代人的意義。

3-1：學生能正確瞭解各種媒材的特性，並且能夠獨力完成作品。

3-2：學生能夠瞭解各種立體造型的構成步驟。

☺ **例 8**：大學護理系教案設計

單元名稱：麻醉床

教材來源：滄州醫學高等專科學校教案

單元目標

1-1：學生能夠瞭解臥床病人更換床單的主要目的。

1-2：學生能夠瞭解臥床病人更換床單的主要流程。

2-1：學生在為病人更換床單過程中，能培養團隊合作的觀念。

2-3：學生能培養「以病人為中心」的護理倫理。

3-1：學生可以在節省人力的原則下，單獨完成更換臥床病人床單。

☺ **例 9**：國小三年級上學期國語領域教學教案設計

單元名稱：阿瑪迪斯

教材來源：南一版國小三年級上學期（第十一課）

單元目標

1-1：學生能夠正確認識莫札特的音樂創作。

2-1：學生能夠思考課文內容，並合理的歸納重點並表達自己的想法。

3-1：學生能夠出圖像詩的趣味所在。

☺ **例 10**：國小五年級上學期數學領域教學教案設計

單元名稱：線對稱圖形

教材來源：康軒國小數學五上

單元目標

1-1：學生能夠正確指出生活環境中的線對稱現象。

2-1：學生能夠理解線對稱圖形和對稱軸的意義，並且願意在生活中應用。

3-1：學生能夠正確透過剪紙，製作出線對稱圖形。

三、行為目標的撰寫

　　行為目標在教案撰寫時，是由單元目標延伸而來，一般行為目標的擬定是依據具體可行的目標形式。在教學設計中的教案撰寫時，單元目標是屬於比較廣泛的教學目標。行為目標是單元目標下幾個重要的目標，透過行為目標的達成，做為確定單元目標達成的依據。

(一)單元目標與行為目標的差異

　　單元目標通常指的是比較廣泛的教學目標，是由幾節課的教學目標組合而成，例如國小的數學領域學科教學，是由幾個大單元的教學組合而成。大單元的教學，則是由幾節課的教學組合而成。單元目標在性質上是

一般目標，只是規範教學行為或學習行為變化的範圍、方向或重心。在內容上是比較廣泛的、抽象的、不明確的。

行為目標是由單元目標而來，一般的行為目標囊括認知、情意、技能目標。行為目標的呈現方式，一定要以學生的具體行為為主，每一項行為都可以透過測驗工具，做成效上的評量。因此，行為目標是具體的、明確的、可測量的、可數字化的。

(二)行為目標的撰寫要求

設計教案在行為目標的撰寫上，有四個基本的要求，包括細項化、系統化、明確化、數據化，茲加以說明如下：

1.細項化

行為目標應該將單元目標所涉及的概念，以具體明確的行為方式，進行分析以提供教師教學上的參考。

2.系統化

行為目標的分類應該要將所要達到的目標，做系統性的分析，並且將教材結構依據順序，做系統化的排列，依據學習的順序和過程，做適當的安排。

3.明確化

行為目標的撰寫，以可觀察且明確的方式處理。

4.數據化

行為目標所描述的行為，要能觀察而且可以測量。因為，行為目標的指標，會影響教學評量指標的訂定和實施。

(三)行為目標的五個要素

行為目標在訂定時，通常會包含教學過程中的五個要素，對象（可省略）、行為、情境、標準、結果。五個要素的選用，教師可以依據目標的重點而選用。在行為目標的撰寫方面，可以依據實際上的需要選用幾個項目。有關行為目標的五個要素，舉例說明如下：

☺ **例 1**：四年級的學生能　　　辨別　　　柱體和圓柱體的差別
　　　　　（對象）　　　　　（行為）　　　　（結果）

☺ **例 2**：學生能面對海上的情況至少能辨別　　　5 種　　風浪的等級
　　　　　（對象）　　　　（情境）　　　　（行為）（標準）　　（結果）

☺ **例 3**：學生可以在 40 秒內　　　跑完　　　400 公尺
　　　　　（對象）　　　（標準）　　（行為）　　（標準）

☺ **例 4**：護理人員可以在 5 分鐘內依據標準作業流程　　更新　　病床床單
　　　　　（對象）　　　　　　（標準）　　　　（情境）　　（行為）（結果）

☺ **例 5**：醫師可以在 10 分鐘內　　　教育癌症病人正確的身體保養方法
　　　　　（對象）　　　　（標準）　　（行為）　　　　（結果）

☺ **例 6**：能舉例或是分辨　　兩圖之間是否為其　　放大或縮小圖
　　　　　（行為）　　　（情境）　　　　　　（結果）

☺ **例 7**：能透過小組討論後　　寫出　　守望相助的優點與缺點
　　　　　（情境）　　　（行為）　　　（結果）

☺ **例 8**：學生能　　正確　　解出　　兩位小數的分解和合成問題
　　　　　（對象）　（標準）　（行為）　　　　（結果）

☺ **例 9**：學生　　可以在 1 分鐘內　　跳繩　　20 下
　　　　　（對象）　　　（情境）　　（行為）　　（結果）

☺ **例 10**：能畫出　　簡單　　的圖形　　縮圖與放大圖
　　　　　（行為）（情境）　　　　　　（結果）

(四)行為目標撰寫的步驟

　　行為目標的撰寫，需要透過系統性的步驟，才能正確地將行為目標列出來。一般行為目標的撰寫，大略有幾個步驟：

　1.將單元目標細分

　　將單元目標做分析，依據實際上的需要分成幾個重點，看看單元目標應該要分成幾個行為目標，並且將行為目標記錄下來。

　2.估計行為目標需要的時間

　　估計每一個行為目標，需要多少時間才能達成行為目標。

　3.教具的運用與配合

　　依據行為目標瞭解需要哪些教具，這些教具的準備是否有困難？有哪些教學資源在必要時可以取代教具？

　4.進行行為目標的撰寫

　　依據行為目標的撰寫要求「細項化、系統化、明確化、數據化」，撰寫行為目標。

　5.採取適合的行為目標受詞

　　參考適合的受詞，撰寫行為目標。

　6.編排行為目標的系統

　　依據行為目標的性質，將行為目標做編排。

(五)行為目標常用的動詞和用法

　　一般行為目標的撰寫，在常用的動詞上，依據不同學科而有不同的要求。下文將各種行為目標撰寫常用的動詞和用法，舉例說明如下（修改自羅鴻祥，1971）：

　1.語文領域（國語科）

　　‧發音：能正確發出「ㄅ」的音。

‧說（話）：能正確將課文的摘要說出來。

‧模仿：能模仿爸爸生氣的語調。

‧拼音：能正確地拼出「快樂」的音。

‧演出：能按照劇中的角色正確的演出。

‧閱讀：能正確有效地閱讀。

‧使用：能有效地使用字典將同音字查出來。

‧寫出：能依正確的筆畫順序寫出「龍」字來。

‧記錄：能將春天的景色透過文字記錄下來。

‧翻譯：能用自己的想法將文中的成語翻譯出來。

‧作（文）：能將父親的奮鬥過程作一文來。

‧創作：能創作一個寓言故事。

‧評論：能正確評論《我的父親》一書的文學價值和地位。

‧編寫：能將本課的要點重新編寫一個故事來。

‧加標點符號：能將沒有標點符號的文字加註上標點符號。

‧注音：能將「壓迫」國字加上注音。

‧改錯：能將下列文章的字詞改錯。

‧摘要：能將本課課文重點摘要下來。

2. **數學領域（數學科）**

‧辨認：能辨認圓柱體和長方體的差別。

‧數：能數出三角形的個數。

‧比較：學會利用皮尺比較 230 公分和 2 公尺 29 公分哪一段比較長。

‧使用：能正確使用圓規畫一個圓。

‧運用：能運用問題解決策略計算「雞兔同籠」的問題。

‧測量：能夠測量出教室的長度。

‧繪製：能正確繪製三角形和梯形。

‧對應：能將具體物與數詞相對應。

‧排列：能將各數字依據大小排列出來。

- 說明：能說明下列圖形斜線部分面積的計算方法。
- 解釋：能解釋四則運算的主要方法和步驟。
- 計算：能正確計算分數的除法。
- 概算：能正確將下列數列概算出來。
- 驗算：能利用還原方法驗算計算結果無誤。
- 解答：能將下列情境問題解答出來。
- 推理：能運用推理方法計算 1～100 的總和是多少。
- 熟練：熟練九九乘法的用法。
- 證明：能利用圖形的計算方法證明三角形的任二邊和大於第三邊。
- 分析：能正確分析質數和質因數的差別。
- 設計：能正確設計本利和的程式。
- 圖示：能用直線圖表示今年度交通事故的數據。
- 綜合：從「種樹問題」綜合出重要的計算公式。

3. 自然生活與科技（自然科）

- 說出：能正確的說出酒精燈實驗的結果。
- 蒐集：能正確蒐集臺灣地區一年內的雨量資料。
- 觀察：能正確地觀察月亮在一個月內的變化情形。
- 放大：能運用放大鏡將細小的物體放大以方便觀察。
- 選擇：能將鹼性的水果選擇出來。
- 辨認：能辨認直流電和交流電的差別。
- 飼養：能飼養蠶並將成長過程記錄下來。
- 指出：能指出東西南北的方向。
- 種植：能正確地種植玫瑰花。
- 預測：能正確預測未來一週的天氣變化情形。
- 摘要：能將本地的氣候變化從相關資料中摘要出來。
- 舉例：能舉例說明酸鹼中和的情形。
- 寫出：能正確寫出化學週期表。

‧重組：能將下列各種物質重組起來。

‧修改：能將「界、門、綱、目、科、屬、種」的觀念做正確的修
　　　　改。

‧探究：能探究螞蟻的生活規律。

‧使用：能使用石蕊試紙測出物質的酸鹼性。

‧控制：能控制實驗過程和流程。

‧估計：能估計化學實驗所需要的時間。

‧測量：能測量全班每個人的體溫。

‧計算：能將下列物質的密度計算出來。

‧解決：能解決教室潮濕的問題。

‧變換：正確變換各種物質的能量。

‧處理：能有效處理鐵器生鏽的問題。

‧應用：應用動物的行為模式解釋人類的行為。

‧圖解：能圖解物質三態的變化情形。

‧排列：依據物質的性質排列融化的速度。

‧推論：利用物質是有重量的東西推論紙張也是物質的道理。

‧比較：可以正確比較下列五種物質的密度。

‧分析：能正確分析家禽和家畜的差別。

‧分類：能將下列動物分類成家禽家畜。

‧設計：能設計一個熱空氣往上升、冷空氣下降的實驗。

‧假設：能正確針對實驗結果和過程提出假設。

‧聯合：能將牛頓的三大定律聯合起來說明。

‧批判：能利用氣流原理批判氣功的原理。

‧歸納：能將三個實驗結果作合理的歸納。

‧確定：能確定氧化原理的道理。

‧實驗：能依據物質不變定律假設進行實驗。

‧評論：能評論高鐵的發展對國內飛機存在的影響。

4. 社會領域（社會科）

- 閱讀：能閱讀沈葆楨對臺灣發展的貢獻故事。
- 參觀：參觀本地的農作物瞭解農人的生活情形。
- 調查：調查臺東縣一年當中農作物的收成情形。
- 訪問：用訪問的方式瞭解本地耆老對未來發展的想法。
- 講述：蒐集資料以利講述鄭成功的故事。
- 參加：利用假日時間參加醫院的志工活動。
- 服務：利用休息時間服務班級。
- 比較：比較政治人物的政見差異。
- 討論：和小組成員討論學校是否應該要增建廁所的問題。
- 分析：分析社區活動中心辦理的活動內容。
- 歸納：能正確歸納班上同學對春季遠足的意見。
- 統計：能統計數據表示澎湖縣對開設賭場的看法。
- 接受：能虛心接受大家的意見。
- 遵守：願意遵守社區大眾所定的規範。
- 服從：大家願意服從班長的指揮。
- 實踐：願意實踐班級常規。
- 選出：能正確選出班級模範生。
- 愛護：隨時隨地愛護學校的花草樹木。
- 愛惜：能夠愛惜時間。
- 幫助：願意盡自己的能力幫助需要幫助的同學。
- 尊敬：對於社區的老人要展現尊敬的情懷。
- 慰問：慰問因為風災造成不幸的家庭。
- 歡迎：自動歡迎愛國藝人。
- 弔唁：弔唁喪家。
- 寬恕：能打從心裡寬恕對我們不敬的人。
- 說出：能正確說出自己能為班上做哪些事。

‧支持：能支持政府的重大建設。

‧改革：能改革抽菸的不良習慣。

‧堅持：對的想法一定要想辦法堅持下去。

5. 藝術與人文（音樂科）

‧聽：能在下列樂器中聽出小提琴的聲音。

‧發：能發出正確的聲音。

‧拍擊：能拍擊出三分拍子和四分拍子。

‧唱歌：能唱出「童年」的歌曲。

‧辨別：能正確辨別音的高低。

‧演奏：能利用鋼琴正確演奏國歌。

‧吹：能利用喇叭正確吹出音階。

‧彈：能用鋼琴彈出「少女的祈禱」曲子。

‧作曲：能創作一首簡單的曲子描寫快樂的童年生活。

‧合奏：能和班上同學合奏「快樂的馬車」。

‧彈撥：能用吉他彈撥出簡單的樂曲。

‧拉：能利用小提琴拉出「綠島小夜曲」。

‧錄音：能用錄音機錄音樂。

‧舞：能跟隨音樂舞蹈。

‧指揮：能指揮國旗歌的演奏。

‧評論：能正確評論貝多芬的「命運交響曲」。

6. 藝術與人文（美術科）

‧蒐集：能蒐集養樂多的瓶子並設計成藝術品。

‧栽種：能正確栽種黃金葛。

‧飼養：能飼養鴛鴦魚。

‧觀察：能對公共藝術創作進行細膩的觀察。

‧仿製：能仿製張大千的國畫。

‧設計：能設計畢業演奏會的海報。

- 繪製：能將房子的設計構想繪製出來。
- 製作：能將學校的模型以保麗龍板製作出來。
- 布置：能將畢業畫展場地布置妥善。
- 攝影：能將學校的夜景透過攝影方式呈現出來。
- 印刷：將版畫設計印刷出來。
- 表現：將風景以水墨畫方式表現出來。
- 批評：正確批評張大千大師的國畫作品。

7. 體育與健康（體育科）

- 跑：在 15 秒內跑完 100 公尺。
- 跳：能奮力一跳超過 3 公尺遠。
- 擲：能用鉛球擲出 15 公尺遠。
- 游：能在 50 秒內游 100 公尺遠。
- 舉起：能舉起 50 公斤重的物體 20 下。
- 挺：能伏地挺身 20 下。
- 彎：能將身體向前彎 45 度。
- 倒立：能倒立 20 秒。
- 擊出：能將棒球擊出 100 公尺遠。
- 踢：能將足球踢出 50 公尺遠。
- 站：能單腳站立 1 分鐘。
- 投：能在三分鐘內投進籃球 10 次。
- 接：丟出 10 個棒球可以接到 8 次。
- 拉：能拉單槓 10 次。
- 推：能推鉛球 15 公尺遠。
- 拍：能原地拍皮球 50 下。

(六)行為目標的準則

　　行為目標是單元教學設計的主要關鍵，透過行為目標的撰寫，可以瞭解單元目標之下，教學活動所要達成的目標。行為目標的撰寫和呈現方

式，應該具體明確且可以評量實現的成果。在教學設計階段，行為目標完成之後，必須透過行為目標的準則，進行檢查的工作，才能讓行為目標的完成可以精確地完成單元目標。有關行為目標的檢查準則如下：

1. 所有的行為目標是否能夠涵蓋單元目標？

2. 當行為目標都達成時，是否代表單元目標也達成？

3. 行為目標敘述是否具體明確可行？

4. 行為目標可以在預定的時間內完成嗎？

5. 行為目標是否符合完整的要求？

6. 行為目標是否可以再細分成幾個行為目標？

7. 每一個行為目標都包含一個學習結果嗎？

8. 行為目標排列的順序系統性如何？

9. 行為目標和學習活動的順序一致嗎？

10. 行為目標的選擇適當嗎？

11. 行為目標中所用的動詞，是否代表可以觀察或評量的行為？

12. 行為目標所用的動詞是否只有一個解釋？

13. 行為的結果有詳細的說明嗎？

14. 行為目標中的情境（例如，時間、教具、設備、情況）有說明清楚嗎？

15. 在評量中是否有說明行為目標的最低及格標準？

16. 行為目標中的活動，所需要的設備在準備上是不是有困難？

17. 行為目標的用字遣詞適合嗎？

18. 教師可以理解行為目標所敘述的情境嗎？

19. 行為目標的標準是教師在教學中容易達到的嗎？

20. 行為目標的內涵適當嗎？

21. 行為目標之間的連貫性如何？

22. 行為目標的聯繫性如何？

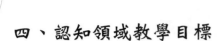

四、認知領域教學目標

一般認知領域的教學目標，大部分引用自布魯姆（B. S. Bloom）提出的認知領域教學目標分類法。

(一)布魯姆的認知領域教學目標

布魯姆提出的認知領域教學目標，區分成知識、理解、應用、分析、綜合、評鑑等六個類型。有關布魯姆的認知領域教學目標的類別，參見表3-1：

表3-1　布魯姆的認知領域教學目標類別簡表（Bloom, 1969）

基本記憶活動
一、知識 　　(一)特定事務的知識 　　　　1. 專門術語的知識。 　　　　2. 特定事實的知識。 　　(二)特定事務的處理途徑與方法知識 　　　　1. 慣例的知識。 　　　　2. 趨勢與順序的知識。 　　　　3. 分門別類的知識。 　　　　4. 判斷標準的知識。 　　　　5. 方法學的知識。 　　(三)某一領域普遍與抽象的知識 　　　　1. 原理與原則的知識。 　　　　2. 理論與其內部結構的知識。
高層次認知活動
二、理解 　　(一)轉譯 　　(二)解釋 　　(三)推論 三、應用 四、分析 　　(一)要素的分析 　　(二)關係的分析 　　(三)組織原理的分析

```
五、綜合
    (一)提供一項獨特的訊息溝通
    (二)提供一份計畫，或一套措施的建議
    (三)一套抽象關係的延伸
六、評鑑
    (一)依據內部的證據而判斷
    (二)依據外在的規準而判斷
```

(二)撰寫認知領域目標常用的行為動詞

教師撰寫教案時，在認知領域目標的撰寫中，常用的行為動詞，依據布魯姆的論點，茲加以說明如下（胡怡謙，2007）：

1.知識

記得、排列出、說明、定義、背誦、標示、列出、指出、依序排列、識別出、認出、說出、敘述出、回憶、重複做等。

2.理解

區分出、分類、描述出、討論、解釋、表達、辨別、指出、標出、認出、報告、複述、用自己的語言表達、選擇、告知、翻譯等。

3.應用

應用、運用、選擇、示範、改編、分類、編譯、準備、演算、編製、描繪、解決、使用、套用、清點等。

4.分析

分析、評估、計算、分類、比較、對照、批評、以圖表示、區別、辨別、區分、檢測、實驗、概算、推演、實驗等。

5.綜合

安排、重組、蒐集、組合、推測、構想、擬定、創造、設計、以公式表達、有系統地陳述、處理、組織、計畫、準備、企劃、設定、綜合、編纂等。

6.評鑑

評估、辯論、估算、推測、選擇、比較、辯護、估計、評鑑、判斷、

預測、檢定、給予、評分、列出排定先後、決定重要性、選擇、支持、評價等。

(三)認知領域教學目標的撰寫案例

1.知識層面

(1)特定事務的知識：學生一定要說出哪一種特定的知識。

‧學生能夠正確背出臺灣有幾個縣市。

‧學生能夠正確寫出父母親的名字。

‧學生能夠正確背出中國歷經哪些朝代。

(2)特定事務的處理途徑與方法知識：無法以其他方式處理的特殊知識。

①慣例的知識

‧學生能夠依照先後順序寫出中國歷經哪些朝代。

‧學生能夠正確說出搭乘臺北捷運的先後順序。

‧學生能夠正確寫出我國科舉制度歷經哪些皇帝和朝代。

②趨勢與順序的知識

‧學生能說出國共會談對中國歷史的影響。

‧學生能夠正確說出時針、分針和秒針的關係。

‧學生能夠正確說出公分、公尺、公里的關係。

③分門別類的知識

‧學生能正確說出教育研究法的種類。

‧學生能正確寫出家禽的種類。

‧學生能正確寫出蝴蝶的種類。

④判斷標準的知識

‧學生能夠正確說出哺乳動物的特性。

‧學生能正確說出籃球場地中界外線的範圍。

‧學生能夠正確說出胎生動物的特性。

⑤方法學的知識

‧學生能正確說出釣魚的方法。

‧學生能正確說出查百科全書的方法。

‧學生能正確說出到國家圖書館借書的方法步驟。

(3)某一領域普遍與抽象的知識：可分為對某一事理通則概念的認識。

　①原理與通則的知識

　　‧學生能正確舉出牛頓定律與生活的關係。

　　‧學生能正確舉出音樂欣賞與日常生活的關係。

　　‧學生能正確說出光合作用對植物生長的影響。

　②理論及其內部結構的知識

　　‧學生能正確說出吃藥對病人身體健康的影響。

　　‧學生能夠正確說出地方政府的基本組織結構。

　　‧學生能夠正確說出學校的基本組織結構。

2.理解層面

(1)轉譯

　‧學生能夠聽到 "cat" 的發音時，會講出國語「貓」的發音。

　‧學生能夠正確說出 $ 符號所代表的幣值名稱。

　‧學生能夠看到美國國旗就能正確說出國家的名稱。

(2)解釋

　‧學生能夠正確說出「海角七號」劇情中男女主角存在的意義。

　‧學生能正確解釋交通號誌所代表的意義。

　‧學生能正確說出電視劇情中男女配角存在的意義。

(3)推論

　‧學生能夠正確推論操場的坪數有多少。

　‧學生能夠預測臺灣總統的選舉需要花多少的經費做宣傳。

　‧學生能夠正確推算出教室的使用坪數有多少。

3.應用層面

‧學生能夠應用四則運算的方式，驗算 7-11 收費員找錢的正確與否。

‧學生能夠正確運用牛頓的定律在日常生活中。

‧學生能夠正確運用酸鹼中和的原理在日常生活中。

4. 分析層面

(1)要素的分析

‧學生能夠正確辨認出男女服裝的差異。

‧學生能夠正確列出水的化學成分。

‧學生能夠正確列出氧化作用的程式。

(2)關係的分析

‧學生能正確分析地球九大行星的關係。

‧學生能夠正確說明不同空氣汙染對人體健康的影響程度。

‧學生能夠正確說出化學週期表的關係。

(3)組織原理的分析

‧學生能夠說明杯酒釋兵權和黃袍加身的關聯性和歷史意義。

‧學生能說出張大千和黃君璧二位畫作的風格和繪畫技巧的不同。

‧學生能說出傳統西裝和改良西裝的異同點。

5. 綜合層面

(1)提供一項獨特的訊息溝通

‧學生能夠透過閩南語的唱法，唱出「望春風」歌曲的獨特性。

‧學生能夠正確運用肢體語言表達女主角的內心世界情感。

‧學生能夠運用手語表達方式傳達愛國志士就義前的情懷。

(2)提供一份計畫或一套實施的建議

‧學生能夠正確運用電路的原理，設計一套夜晚開燈省電系統。

‧學生能夠運用研究目前統一發票的開設方法，建議一套有系統效率的開統一發票做法。

(3)一套抽象關係的延伸

‧學生能夠依據自己的讀書方法，建議一套有效的讀書方法。

‧學生能夠依據電腦結構，設計出一套電腦使用的規則。

6.評鑑層面

(1)依據內部證據而判斷

．學生可以依據病人的陳述，判斷是否需要立即住院。

．學生可以依據火災的嚴重情形，判斷是否需要立即報警。

(2)依據外部證據而判斷

．學生可以依據去年學校辦理畢業典禮的流程，評論今年的畢業典禮應該要如何辦理。

．學生可以依據去年金馬獎頒獎典禮的優缺點，評論今年辦理金馬獎的優缺點。

五、情意領域教學目標

情意領域的教學目標和認知領域的教學目標，在內容與運用上是差異性相當大的。一般情意領域的教學目標，偏向個體的感情、意念、態度、感受等方面的情緒或行為。

(一)Krathwohl 的情意目標領域分類

Krathwohl（1969）將情意目標領域分成接受、反應、評價、組織、整合等五個重要的領域，有關情意領域的教學目標內容，參見表 3-2：

表3-2　Krathwohl 的情意目標領域分類（1969）

接受	1.覺知。 2.願意接受。 3.控制的或選擇的比較。
反應	1.勉強接受。 2.願意反應。 3.樂意反應。
評價	1.價值的接受。 2.價值的偏愛。 3.確信。

| 組　織 | 1. 價值概念的建立。
2. 價值體系的組織。 |
| 整　合 | 1. 一般態度的建立。
2. 品格的形成。 |

(二)撰寫情意領域目標常用的行為動詞

教師撰寫教案時，在情意領域目標方面，一般常用的目標動詞，依據 Krathwohl 的分類，加以說明如下（胡怡謙，2007）：

1.接受

辨別、選擇、接受、接納、控制、同意、願意注意、分享等。

2.反應

服從、屈從、順從、遵守、認同、許可、主動、贊同、自願、增加、喝采、鼓掌、嘉許等。

3.評價

支持、贊同、參與、從事、表現忠誠、幫助、增加、放棄、排除、否決、反對、抗議、不支持、不讚許等。

4.組織

組合、組織、結合、比較、討論、創立、構成、界定、擬定、表現負責的態度、否定的態度。

5.整合

持續性的表現、完成、主動自我修正、對事物採取避免、糾正、不屑、反對、規避等態度。

(三)情意領域教學目標的撰寫案例

1.接受

(1)覺知

・讓學生可以感受到周遭有花香存在。

・讓學生可以感受到立委選舉即將到來的氣氛。

・讓學生可以察覺到四周有空氣汙染的現象。

(2)願意接受

　　‧使學生能夠有耐心聽父母的抱怨。

　　‧使學生能有有耐心聽長輩傾訴心情。

　　‧使學生能夠接受不同音樂的曲調。

(3)選擇性的接受

　　‧使學生能夠關心失蹤兒童的消息。

　　‧使學生能夠瞭解電視廣告有關電動玩具的訴求方法。

　　‧使學生能夠瞭解學校公布欄公布事項的訴求。

2.反應

(1)勉強接受

　　‧學生能夠服從學校有關寢室門禁的規定。

　　‧學生能夠服從學校對穿制服的規定。

　　‧學生能夠遵守吃飯要排隊的學校規範。

(2)願意反應

　　‧使學生願意接納師長對自己的關心。

　　‧使學生願意參與社區各種勞動服務的工作。

　　‧學生願意接納家人對自己課業上的關懷。

(3)滿意反應

　　‧學生願意主動和學校師長交談。

　　‧學生能夠主動和學長、學姊交談。

　　‧學生願意享受獨自閱讀的樂趣。

3.評價

(1)價值的接受

　　‧學生能夠認同書中自有黃金書的道理。

　　‧學生能接受閱讀能提升語文能力的道理。

　　‧學生能夠接受喝酒不開車、開車不喝酒的道理。

(2)價值的偏愛

  ‧讓學生能夠在古典音樂中選擇貝多芬的樂曲聆聽。

  ‧讓學生能夠主動向家人推薦有機食物的健康價值。

  ‧讓學生能夠主動向親友推薦素食的健康價值。

(3)確信

  ‧使學生能夠推崇孟子的教育思想。

  ‧使學生能夠抗議博奕法的通過。

  ‧使學生能夠推崇法家的教育思想。

4.組織

(1)價值觀念的建立

  ‧使學生能夠勇敢拒絕毒品的誘惑。

  ‧使學生能夠勇於拒絕電動玩具的誘惑。

  ‧使學生能夠正確拒絕菸酒的誘惑。

(2)價值體系的組織

  ‧使學生能夠認清人類生態保育的使用。

  ‧使學生夠瞭解人類生存的基本道理。

  ‧使學生能夠瞭解法律條文對生活的基本保障。

5.整合

(1)一般態度的建立

  ‧使學生能夠相信自己可以解決問題的能力。

  ‧使學生可以瞭解他人評論事物的權力。

  ‧使學生能夠相信家人解決問題的能力。

(2)品格的形成

  ‧使學生可以表現出言行一致的態度。

  ‧使學生可以表現出誠信的一致行為。

  ‧使學生能夠表現出積極合作的處事態度。

六、技能領域教學目標

技能領域的教學目標，和身體動作比較有直接的關係。技能領域的教學目標，是比較容易達成的教學目標。一般技能領域教學目標的分類，最常引用的是哈羅（A. J. Harrow）所提出來的。

(一)Harrow 技能領域教學目標分類

Harrow 的技能領域教學目標，分成五個主要的類型，包括反射動作、基本動作、知覺能力、體能、熟練動作、有目的的溝通等五個類型。

⌂表3-3　Harrow 技能領域教學目標分類表（1969）

反射動作	1. 節反射。 2. 節間反射。 3. 節上反射。
基本動作	1. 移動動作。 2. 非移動動作。 3. 操作動作。
知覺能力	1. 肌肉運動知覺的辨別。 2. 視覺辨別。 3. 聽覺辨別。 4. 觸覺辨別。 5. 協調能力。
體能	1. 耐力。 2. 力氣。 3. 柔韌性。 4. 敏捷性。
熟練動作	1. 簡單適應技巧。 2. 組合適應技巧。 3. 複雜適應技巧。
有目的的溝通	1. 表意動作。 2. 解釋動作。

(二)撰寫技能領域目標常用的行為動詞

技能領域目標強調的是外在動作的學習，因此在教學目標的撰寫上，

和個體的動作技能有相當密切的關係。技能領域的教學目標常見的行為動詞如下（胡怡謙，2007）：

　1.頭部

　　轉動、點頭、左右擺動、後仰、張口、閉眼、吹氣、皺眉、吸鼻、伸舌等。

　2.手部

　　提起、抓住、抱起、捏住、按住、挑起、拋出、書寫、彈奏、挖掘等。

　3.胸腹部

　　肺部吸氣、肺部呼氣、腹式吸氣、彎腰、側彎、腹部向上等。

　4.腿部

　　邁步、行走、跑步、跳躍、屈膝、蹲馬步、踢水、跨越、轉動腳部。

(三)技能領域教學目標的撰寫案例

　1.反射動作

　　學生可以自行將手部肌肉前後伸縮。

　2.基本動作

　　(1)學生可以在 1 分鐘內做出正確的仰臥起坐 10 次。

　　(2)學生可以在 1 分鐘內跳繩 40 下。

　3.知覺能力

　　(1)學生可以利用雙手在雙槓上做出平衡的動作。

　　(2)學生可以在棒球丟向自己時，成功地揮棒將球擊出。

　4.體能

　　(1)學生可以在 1 分鐘內跳繩進步 10 下以上。

　　(2)學生可以在 15 秒內跑完 100 公尺的距離。

　5.熟練動作

　　(1)學生可以做出正確的溜冰動作。

　　(2)學生可以在溜冰場內做出正確的花式溜冰動作。

6.有目的的溝通

　　學生可以在打棒球時，正確擊出全壘打的動作，並且說出自己的技
　　巧。

第四章 教學方法的採用

在單元教學設計時，教學方法的採用，依據學科性質與單元內容而定。教學方法的類型，一般分成五個主要的教學類型，包括傳統教學法、個別化教學法、群性發展教學、概念與思考教學、認知發展教學等。本章的重點在於，將各種類型的教學法簡要說明之。

一、傳統教學法

傳統教學法是教師最常用的教學方法，主要原因在於方法的使用簡單扼要，不必花過多的力氣和時間進行教學方面的準備。茲將傳統教學法扼要說明如下（林進材，2006A）：

(一)講述法

1.講述法的意義

講述法是一種以書面或口頭形式，讓學生主動閱讀書面資料，並傾聽教師講解的教學。教師運用敘述或演講方式，將單元教材知識傳遞給學生的一種教學方法。

2.適用情境

一般講述法教學是用的情境，包括：(1)引發學習動機；(2)介紹單元內容；(3)說明解釋疑惑；(4)歸納整理教材；(5)提供補充教材；(6)進行大班教

學；(7)教導系統知識；(8)整理複習教材。

3. 講述法程序

講述教學法的程序，依據教師在使用時的學生人數、場地等不同而有不同的考量。講述法包括九個重要的步驟：(1)引起學習動機；(2)明示學習目標；(3)喚起舊經驗；(4)解釋學習內容；(5)提供學習指引；(6)引導主動學習；(7)提供正確的回饋；(8)評鑑學習成果；(9)總結或形成新計畫。

講述教學法適用於各學科單元教學，是教師最常使用的教學方法。在缺乏教學設備、場地資源受限的情境下，講述教學是最方便的教學法。

(二)觀察法

1. 觀察法的意義

觀察法是一種在教學過程中，運用教學事件和學習歷程的連結關係，達到教育目的的一種教學法。此教學法是教師在學生學習歷程中，指導學生利用視覺的功能以審視有關的事物，完成各種學習活動的過程。

2. 適用情境

觀察法適用於任何學科教學中，教師在指導學生學習時，應該要妥善加以運用，才能達到預期的效果。觀察法適用情境如下：(1)適用於各學科教學；(2)適用於實物教學；(3)適用於蒐集各類資料。

3. 觀察法的程序

觀察法是教學中運用普遍的方法之一，對於教學活動有正面輔助功能。一般的觀察法包括九個重要的程序：(1)擬定教學目標；(2)揭示觀察的要點；(3)教師指導說明；(4)教師回答疑難問題；(5)教材內容與教學目標應該一致；(6)依據程序與步驟進行觀察；(7)教學輔助器材的運用；(8)教學活動生活化；(9)討論與評鑑。觀察法的運用，教師應該引導學生正確的觀察態度，讓學生從實物觀察中強化學習的成效。

(三)問題教學法

1.問題教學法的意義

問題教學法是應用系統化的步驟，指導學生解決問題，以應用知識、啓發思想和利用所學的方法。教師在運用問題教學法時，應該依據學生的年齡及心理狀態，以舊經驗或知識爲基礎，強化學習的遷移，增進新知識的發現及原理原則的獲得與運用。

2.問題教學法的原則

問題教學法在運用時，應該要遵守下列原則：(1)重視學生問題解決能力的培養；(2)愼選問題配合學習活動；(3)問題生活化；(4)方法的靈活運用；(5)教學者應居於引導的地位；(6)由低層次到高層次的學習。

3.問題教學法的步驟

一般使用問題教學法以杜威的思維術爲主，主要的教學步驟如下：(1)提出問題；(2)分析問題；(3)提出假設；(4)選擇假設；(5)驗證假設。

(四)啟發法

1.啓發法的意義

啓發教學法是針對注入式教學而稱，強調的是教學方法不應該停留在傳統的灌輸知識階段，而是重視學生的思考活動，協助學生透過各種途徑解決問題、分析歸納、觸類旁通，以達到學習效果的教學方法。

2.啓發教學法的類型

啓發教學法是由教師安排適當的情境，做爲教學活動之用，引導學習者思考，從思考中達到學習目標。因此，教師的發問和學習活動的安排成爲啓發教學中重要的關鍵。啓發教學法包括探究教學法、問題解決教學法與創造思考教學。

3.探究教學法的步驟

探究教學法的步驟，包括：(1)引起動機；(2)歸納通則；(3)驗證及應用；(4)價值澄清與行動。

4.問題解決教學法的步驟

問題解決教學法的步驟，包括：(1)界定問題；(2)設定目標；(3)發展備選方案；(4)選擇最佳方案；(5)執行選定的方案；(6)評鑑結果。

5.創造思考教學法的步驟

創造思考教學法的步驟，包括：(1)安排問題情境；(2)提供思考與醞釀的機會；(3)尋求解決問題的方法；(4)評鑑與應用。

啓發教學法的採用，<u>主要以學生的經驗爲主體</u>，教師在教學中提出各類問題，引導學生透過各種思考途徑如理解、分析、推論、研判、綜合、評鑑等，解決教學中的各種情境問題。

(五)討論法

1.討論法的意義

討論教學法是運用討論的方式，達到教學目標的教學方式。主要特色在於教師與學生針對主題進行討論，以形成共識或尋求答案，能爲團體成員所接受的意見。討論教學法包括全體討論、小組討論、陪審式討論及座談會等四種方式。

2.適用情境

討論教學法的適用情境，包括：(1)熟悉課程內容；(2)爭議性問題的探討；(3)改變學習者的行爲；(4)培養民主素養。

3.討論程序

討論教學法的程序，一般分成三個主要的程序：(1)準備階段：選擇主題→資料蒐集→成立小組→訂定時間→排列座位→角色分配；(2)討論階段：引起動機→說明程序→進行討論；(3)評鑑階段：綜合歸納→整題評估。

討論教學法的運用，教師和學生必須花相當多的時間在準備上，才能順利的在教學中進行議題方面的討論。因此，在學期一開始就必須進行討論議題的規劃和相關資料的蒐集。

(六)自學輔導法

1.自學輔導法的意義

自學輔導法是一種學生在教師指導下,進行自學的方法。其主要特色在於適應學生的個別差異,學習活動的進行由學習者依據本身的經驗,對外界的情境和刺激所做的反應,學習者自己掌握學習活動的進行。總而言之,自學輔導法是學生在教師的指導之下,運用各類型的學習方法,自行學習教師預先指定的課題,以達到預定教學目標的一種教學方法。

2.自學輔導法的功能

自學輔導法強調學生依據自己的程度進行學習的方法。在功能方面包括:(1)適應個別差異;(2)增進教學效果;(3)培養自學能力;(4)改善教學活動。

3.自學輔導法的步驟

包括:(1)引起動機;(2)指定作業;(3)指導自學;(4)評鑑成績。

自學輔導法的運用,有助於培養學生獨立學習的精神,對於教學活動無法一一處理的問題,可以讓學生獨自學習。教師只要注意學生的學習進度即可。

(七)社會化教學法

1.社會化教學法的意義

社會化教學法的目的在於發展群性,培養學生社會道德,以訓練民主風度及合作精神。社會化教學法又稱之為團體教學法,是運用團體活動和討論方式,指導學生學習的方法。

2.適用情境

社會化教學法的適用情境,包括:(1)學習者具有濃厚的學習興趣;(2)學習者具備問題分析能力;(3)學習者具備問題解決能力。

3.大班教學的流程

大班教學的主要流程,包括:(1)擬定討論議題;(2)討論開始;(3)主席報告;(4)進行討論;(5)主席結論;(6)講評;(7)散會。

4.小組討論的流程

　　小組討論的主要流程，包括：(1)決定討論問題；(2)指導小組分工；
(3)分配工作；(4)進行討論；(5)綜合報告；(6)評鑑。

5.分組討論的流程

　　分組討論的流程，包括：(1)準備活動；(2)全班活動；(3)分組討論；
(4)綜合報告；(5)綜合討論；(6)評鑑。

(八)練習法

1.練習法的意義

　　練習教學法是以反覆不斷的練習，使各種動作、技能、經驗、教材達
到熟練和正確反應的教學法。練習法的主要目的在協助學生將各種動作、
技能和需要記憶的概念，養成機械和正確的反應。

2.適用情境

　　練習教學法一般較常運用於語文科、技能科教學上，或是屬於記憶方
面的單元教學上。其適用情境，包括：(1)瞭解學習反應；(2)增強正確反
應；(3)實施補救教學。

3.教學程序

　　練習教學法的教學程序，包括：(1)引起動機；(2)解說重點；(3)教師示
範；(4)學生模仿；(5)反覆練習；(6)評量結果。

　　教師在運用練習教學法之前，應該要設計各種學習策略，以增進學生
的學習效能，使練習成為有意義的行為。

(九)設計教學法

1.設計教學法的意義

　　設計教學法是學生在自己決定的學習工作中，擬定一個實際問題，由
自己擬定工作目標，設計工作計畫，運用具體的材料，從實際活動中去完
成設計，以解決實際問題的學習單元和教學的方法。

2.設計教學法的類型

(1)依據學生人數

設計教學法依據學生人數的多寡，分成個別的設計、團體的設計二種。

(2)依據學科範圍

設計教學法依據學科範圍和性質可分成單科設計、合科設計、大單元設計。

(3)依據學科性質

設計教學法依據學科性質可以分成建造設計、思考設計、欣賞設計、練習設計等。

3.設計教學法的步驟

設計教學法的進行，通常可包括：(1)引起動機；(2)決定目的；(3)擬訂計畫；(4)實際進行；(5)評鑑結果。

在設計教學法中，教師的角色從「主導」轉為「指導」的角色。在教學活動進行時，教師要能經常性地觀察學生的學習活動，隨時提供支持性的指導和引導，讓學生的學習活動可以順利進行。

(十)發表教學法

1.發表教學法的意義

發表教學法的實施，主要用意在於為了學生的自我實現或學習成就而發表，不是為了教師的自我表現或期望抱負而為。教師在採用發表教學法時，應該在教學內容方面力求創新，設計一些符合學生心理需求的策略，從學習心理需求的滿足層面，讓學生從發表中達到學習目標。

2.發表教學的類型

發表教學的類型，一般包括：(1)語言表達的發表；(2)文字創作的發表；(3)美術創作的發表；(4)技能動作的發表；(5)創作發明的發表；(6)音樂演唱的發表；(7)戲劇表演的發表；(8)媒體創作的發表。

3.教學程序

一般的發表教學法，包括六個主要程序：(1)引起動機；(2)準備發表；

(3)充分練習；(4)布置場所；(5)正式發表；(6)評鑑結果。

發表教學法的採用，學生必須要具備某種程度的能力，才能順利進行。

（十一）單元教學法

1.單元教學法的意義

單元教學法是以單元爲範圍的一種教學方法，單元教學法通常是以一課、一章、一節或以一個日常生活中的問題爲中心的學習爲單元。

2.莫禮生的單元教學法

莫禮生提倡的單元教學法，是依據學習上的熟練原則強調完整學習的重要性。其階段分成：(1)試探；(2)提示；(3)自學；(4)組織；(5)複講等。

3.單元教學法的步驟

一般的單元教學法，通常包括幾個主要的步驟：(1)準備活動；(2)發展活動；(3)綜合活動。

單元教學法的設計，對於需要以問題爲中心，或是以組織統整爲核心的科目而言，相當實用。

二、個別化教學法

個別化教學法是在大班級教學情境中，以適應學習者的個別差異和學習者的特性爲考量，而採取的各種有效教學策略。有關個別化教學法，簡要介紹說明如下（林進材，2006A）：

（一）文納特卡計畫

1.文納特卡計畫的意義

文納特卡計畫是美國教育家華盧朋博士（Dr. C. Washburne）所創。文納特卡計畫的目的有四：(1)使兒童獲得必須的知識與技能，以適應生活上的需要；(2)使兒童的生活快樂、自由而優美；(3)充分發展兒童的個性和才能；(4)發展兒童的社會意識，使兒童感到社會的利益就是個人的利益，個

人的利益是建立在社會利益之上。

2.自學輔導法的流程

自學輔導法的教學步驟,包括:(1)決定課程目標;(2)編輯提供學習的材料;(3)準備診斷測驗;(4)指定作業;(5)進行工作;(6)評量成績。

3.團體活動的設計

團體活動的進行,大部分運用於語文科與社會領域,活動目的在於發展學生的創造力和團體的精神。團體活動的設計,通常是學生自行處理,依據學習上的需要做設計,教師處於指導的地位,讓學生承擔學習的成效。

(二)道爾敦計畫

1.道爾敦計畫的意義

道爾敦計畫是西元 1920 年在美國麻州道爾敦中學（Dalton High School）所實施的個別化教學計畫,主要內涵是依據自我練習、自我測驗和學習的個別學習原理加以修正而來。

2.課程內容

該計畫是打破各種年級的限制,以適應學生不同的學習速度為主,使教學活動的進行依據學生的學習速度,如此可讓教與學緊密的配合。在課程內容方面,分成學術性課程與職業性課程。

3.實施方式

道爾敦計畫主要特色在於以自學輔導的方法,依據個人的能力進行學習活動。在實施方面,由教師布置學習用的實驗室或作業室,讓每一位學生都擁有自己的實驗室。在實驗室中提供各類的參考書籍和材料,由教師指導學生進行學習活動。

(三)莫禮生的精熟理念

1.精熟理念

莫禮生的精熟學習理念,重點在於單元的熟練性,因此又稱之為單元

教學法。此種教學法強調學生在單元學習中的熟練性。

2.精熟模式

莫禮生的精熟模式是：(1)預測驗；(2)教學；(3)測驗教學成果；(4)修正教學程序；(5)再教學；(6)再測驗；(7)熟練。

3.教學程序

莫禮生的精熟學習理念，運用在教學中的程序包括：(1)試探；(2)提示；(3)自學；(4)組織；(5)重述。

(四)凱勒的學習模式

1.理論基礎

凱勒的個別化教學系統（Kellers' Personalized System of Instruction, PSI）是受到行為主義心理學增強理論和編序教學理論的影響，將教學歷程視為學習者自行決定的過程。凱勒式教學法強調學習者在學習過程中的主導權和自主權，學習者在面對學習時可以依據自身的學習條件，選擇受教的機會和時間，同時決定接受評量的時刻。

2.教學程序

凱勒教學的主要程序，包括：(1)建立具體而明確的教學目標；(2)將教學內容編制成各種教材，將教材分成細小的單元；(3)教師在教學過程中的初始階段，進行講述教學活動，提示有效學習方法，引發學生的學習動機；(4)教師提供適切合用的自學教材，讓學生可以獨自進行學習，學習地點和情境由學生自行選擇，學習地點不限於教室，時間的使用也由學生自行選定；(5)學生自行進行學習之後，自認為可以達到預定的水準時，可以隨時安排學習評量活動；(6)教師在學生申請評量時，立即給予適當的評量活動，並給予評分。通過評量者，教師給予增強，並決定下一單元的學習；未通過評量者立即給予訂正，並請學生繼續進行自學活動，以準備下一回合的評量，直到通過為止；(7)學期結束時，全體學生參加教師準備的總結性評量。

3. 教學理論要項

凱勒教學在教學理論要項方面，包括：(1)熟練標準；(2)學生自我控速；(3)單元考試和成績評量；(4)立即回饋；(5)助理制度；(6)學習材料。

(五)編序教學法

1. 編序教學的意義

編序教學的特色在於將教材細目依據學習心理的形式分析精細，組織嚴密以利於學生學習，學生在學習過程中，可以得到立即性的回饋，從資料的核對中獲得即時增強的效果。

2. 編序教學的歷程

編序教學的歷程，包括：(1)教師提示教材；(2)學生作答；(3)核對學習成果。

3. 編序教材的編制

編序教材的基本構想是將教材內容詳加分析，分成許多細目，在各細目中建立起先後的層次關係，並加以組織，由簡而繁、由淺而深順序排列，以達到學習目標。在教材的編制方面，包括：(1)界定範圍；(2)蒐集相關的原理原則；(3)確定原理原則之間的邏輯關係；(4)將教材的細目分布均勻；(5)透過增強作用強化學習效果；(6)各類知識有效地呈現在細目中。

(六)精熟學習法

1. 精熟學習法的意義

精熟學習的發展是建立在如果教學品質上能力求改進，讓學生擁有充分的時間，並引導學生切實有效地運用時間，則學習的效果就會提高，達到各種精熟標準的假設之上。

2. 精熟學習的步驟

(1)精熟學習計畫的擬定

精熟學習計畫的擬定，包括：①分析學習目標；②編排學習內容；③編製形成性測驗；④設計回饋校正及充實活動；⑤編製總結性測驗。

(2)精熟學習的實施

精熟學習的實施依據相關的論述，包括：①精熟學習法的引導；②精熟教學；③進行形成性測驗；④引導學習動機；⑤校正及充實活動的安排。

3.精熟學習的評量

精熟學習的評量在於瞭解精熟學習法的引進，是否導致一些改變，有哪些預期與非預期的事件發生；如何改進精熟學習應用的程序等問題。

(七)個別處方教學

1.個別處方教學的基本原理

個別處方教學的基本原則，包括：(1)確定明確的學習目標；(2)評估學前的能力；(3)設計可以自由選擇的變通性活動；(4)在學習進行中，不斷檢視並評量進行的情形；(5)教學如何進行有賴於學生的主要表現；(6)隨著教學的進行，隨時蒐集資料並提供資料，檢討改進教學系統。

2.教學步驟

個別處方教學的實施包括六個主要的步驟：(1)安置性評量；(2)教學前評量；(3)提供學習處方；(4)實施習作測驗；(5)實施後測；(6)形成決策。

(八)適性教學模式

1.適性教學的意義

適性教學的發展是依據學習者在學習方面的需求、學習狀況、學習表現、學習性向，教師設計符合學習者學習的情境、有效的策略，以達到教學目標和精熟程度。

2.適性教學模式

適性教學的實施，強調教師與學生之間的互動關係，藉以達到教學目標。教師在實施適性教學時，以家教式的教學實施最為理想。適性教學模式，一般包括：(1)個別化引導教育；(2)精熟學習方案；(3)適性教育計畫。

3.教學程序

適性教學的實施步驟，依據相關的理論和文獻，包括：(1)工作分析與科目分析；(2)單元工作分析和主題分析；(3)知識和技能的分析；(4)學習行為和問題的分析。

三、群性發展教學

群性發展教學主要是以社會取向的後個別化教學，同時是適應並發展社會性為主導的適性教學活動。群性發展教學法，一般分成群性化教學模式、合作學習法、協同教學法、分組探索教學等，簡要介紹說明如下（林進材，2006A）：

(一)群性化教學模式

1.群性化教學模式的意義

群性化教學模式是一種相對於個別化教學概念的教學法，主要是教師指導學生適應與發展社會性的教學理論與方法，讓學生在學習過程中，發展出社會適應的能力。

2.群性化教學的模式

群性化教學模式強調學生社會性的發展，因此在教學策略與方法上與傳統教學法有很大的差異。一般的群性化教學模式，包括：(1)民主歷程的教學模式；(2)增進社會技巧的教學模式。

3.實施程序

群性化教學模式的實施，教師可以配合其他教學法使用。以同儕媒介教學為例，教學的實施強調以學生互為媒介而進行教學活動，教師引導由學生互相教學以達到發展群性的教學模式。

(二)合作教學法

1.合作教學法的意義

合作教學（或稱學習）是一種系統化、結構化的教學方法，教學的進

行是以學生能力和性別等因素，將學生分配到一異質小組中，教師經由各種途徑鼓勵小組成員間彼此協助、相互支持、共同合作，以提高個人的學習成效，並同時達成團體目標。

2.合作教學的類型

合作教學在實施方面，因不同的教學設計而呈現出不同策略。一般在合作教學上包括小組成就區分法、小組遊戲競賽法、拼圖法等。

3.教學實施步驟

合作教學的實施步驟，包括：(1)教學前的準備：小組人數的決定、進行學生分組、分配組內角色、學習空間的安排、準備教材；(2)實施教學：說明學習任務、說明學習標準、建立積極互賴關係、設計個別績效評鑑、指出期許的合作行為、進行合作學習教學；(3)學習評鑑與表揚：追蹤學生的學習行為、提供學習任務和社會技巧方面的協助、評鑑學習結果、進行學習表揚；(4)團體歷程與教學反省：反省團體歷程、反省與改進教學。

(三)協同教學法

1.協同教學法的意義

協同教學法是一種打破以教師個人為主體的教學法，教學活動的進行是由數個專長不同的教學人員組成教學團，由教師發揮個人在不同領域中的專長，負責教學計畫的擬定、教學活動的設計、施教和教學評鑑工作的進行。

2.協同教學法的要件

協同教學法和一般教學法的不同點，在於運用教師團體的力量，集體完成各種教學目標。協同教學法的要件，包括：(1)教學活動場所的規劃設計；(2)課程安排必須事前做詳盡的規劃設計；(3)組織和工作上的分工；(4)時間的分配等。

3.實施步驟

協同教學法的實施，一般分成三個主要的活動步驟：(1)教學計畫；(2)實施教學：大班教學、小組討論、獨立或個別學習；(3)教學評鑑。

(四)分組探索教學

1.分組探索教學的意義

分組探索教學的重點，在於提供各種刺激的教學情境，讓學生因不同的身心狀況，所體會的、知覺的、意會的各有不同，因爲不同的察覺，在學習上的表現也不同。因此，分組探索教學是在師生共同安排下，爲著手一項學習或研究一個問題，組合成一個小組，所進行的學習活動歷程。

2.基本原理

分組探索教學在學理方面包括三個基本概念：(1)探究；(2)知識；(3)學習群體動力學。

3.實施程序

分組探索教學在實施時，包括六個主要的階段：(1)學生遇到各種困擾的情境；(2)學生對問題情境做各種試探；(3)學生確定研究主題並明白確定分析組織；(4)進行獨立與小組研究；(5)學生分析進步與過程；(6)重新學習或再探索的行動。

四、概念與思考教學

概念與思考教學法是一種有別於傳統教學法的教學策略，教學的主要目的在於引導學生創造的動機，鼓勵學生創造的表現，以增進創造思考才能的最終目的。概念與思考教學法，包括創造思考教學法與批判思考教學法，簡要說明如下（林進材，2006A）：

(一)創造思考教學法

1.創造思考教學的意義

創造思考教學是指教師在實施教學過程中，依據創造與思考發展的學理與原則，在教學中採取各種方法或策略，做爲啓發學生創造力、思考能力爲目標的一種歷程。

2.創造思考教學法的特質

創造思考教學的實施，特別強調學生的腦力激盪，由教師提出各種

問題，引導學生面對問題，運用自身的創造能力，解決問題以達到學習目標。創造思考教學的特質，包括：(1)重視學生的思考能力；(2)民主開放的學習；(3)自由輕鬆的學習氣氛；(4)自動自發的學習態度；(5)高層次認知能力的培養；(6)重視情意教學；(7)強調個別差異；(8)潛能的有效激發。

3.教學的程序

創造思考教學和一般的教學法不同，教師必須在教學前先分析教材單元的性質和內容，決定採用的策略。在教學程序方面，包括：(1)選擇適當問題；(2)組成腦力激盪小組；(3)說明應遵守規範；(4)進行腦力激盪；(5)評估各類構想。

(二)批判思考教學法

1.批判思考教學的意義

批判思考教學的意義，在於引導學生發展出批判思考態度與精神的教學方法。

2.Ennis 的批判思考教學內涵

Ennis 的批判思考教學，在教學內涵方面，包括下列項目：(1)掌握陳述的意義；(2)訓練學習者正確地判斷陳述可證明的意涵；(3)批判是否有相互矛盾的敘述；(4)判斷導出的結論是否有必要；(5)判斷陳述是否具體、特定；(6)判斷陳述是否運用某些原則；(7)判斷觀察而來的陳述是否可靠；(8)判斷歸納性的結論是否有正當的理由；(9)判斷所有問題是否被辨認清楚；(10)判斷陳述是否只為一種假設而已；(11)判斷某一定義是否周延；(12)判斷出自權威人士的宣稱之敘述，是否可接受。

3.Ennis 的批判思考教學步驟

Ennis 的批判思考教學包括五個主要的步驟：(1)澄清批判思考學習的價值；(2)診斷批判思考教學所需訓練的行為；(3)呈現批判思考的三個層面、五個概念及教學內容；(4)實施批判思考訓練；(5)評量批判思考訓練的效果。

五、認知發展教學

認知發展教學的演進，是以人類認知的本質及發展的真相為主。在教學理論方面，是以個體與外界環境交互作用中所產生的認知作用，讓個體內在的認知基模產生變化，使個體產生轉變以適應生活環境。認知發展教學方法，包括道德討論教學法、價值澄清法、角色扮演教學法、探究教學法、電腦輔助教學，茲簡要說明如下（林進材，2006A）：

(一)道德討論教學法

1.道德討論教學法的意義

道德討論教學法是屬於情意陶冶取向的教學方法，教學方法的實施是運用刺激學生道德判斷與思考能力的自然發展，透過教學歷程協助學生已有的道德認知為基礎，發展至較高的道德認知發展階段。道德討論教學法的實施，是由教師在教學前蒐集有關道德兩難情境，讓學生在情境中說明採取的行動方案，從學習過程中，促進道德高層次的認知發展。

2.道德發展理論

道德發展的理論，以皮亞傑和郭爾堡的道德發展理論為主。

3.實施程序

道德討論教學的實施程序，包括：(1)引起動機；(2)呈現故事；(3)提出兩難困境問題並分組；(4)分組討論；(5)全班討論；(6)結束討論。

(二)價值澄清法

1.價值澄清法的意義

價值澄清法主要是協助學生察覺自身的價值，並且建立屬於自己的價值體系。

2.價值澄清法的階段

價值澄清法分成三個主要的步驟：(1)選擇階段；(2)珍視階段；(3)行動階段：自由選擇、從多重選項中選擇、慎思熟慮後的選擇、重視和珍惜所做的選擇、公開表示自己的選擇、依據選擇採取行動、重複實行。

3.適用情境

　　價值澄清法的適用情境，包括：(1)教學活動策略彈性化；(2)各類學科或教學過程；(3)強調學習者取向的學習；(4)適用於價值獲得與行動。

(三)角色扮演教學法

1.角色扮演教學法的意義

　　角色扮演教學是對選定的問題情境進行描述的一種傳達方式，是在一種事先經過設計的情境中，自然扮演某種角色。

2.角色扮演教學的實施技巧

　　角色扮演教學法是一種多元、多功能的教學法，教師在採用角色扮演教學時的實施技巧，包括：(1)手玩偶；(2)問題故事；(3)簡易唱遊；(4)魔術商店；(5)幻遊；(6)轉身；(7)角色互換；(8)獨白；(9)鏡子技巧；(10)再扮演。

3.角色扮演教學實施程序

　　角色扮演教學法在實施過程中，透過教師的適當引導，讓學生在設計的情境中真實體驗人、事、物，以培養高度的洞察力。在教學實施程序方面，包括：(1)暖身；(2)挑選參與者；(3)布置情境；(4)安排觀眾；(5)演出；(6)討論和評鑑；(7)再扮演；(8)再討論與評鑑；(9)分享與結論。

(四)探究教學法

1.探究教學法的意義

　　探究教學法是教師在教學歷程中，引導學生主動探究問題並解決問題的教學法。探究教學法強調以學生的探究活動為主，培養學生高層次的思考能力及建立正確的價值體系。

2.適用情境

　　探究教學法強調學生在學習過程中，運用個人的思考解決問題，以完成學習活動。因此，使用情境包括：(1)瞭解應用多種思考技巧；(2)培養學生客觀批判的處事態度；(3)突破以課本和教師為本位的教學。

3.實施程序

探究教學法在實施程序方面，包括：(1)引起動機及概念分析；列舉事實、形成概念、分析比較、確定分類；(2)歸納通則：蒐集資料、發現關係、形成假設；(3)證明及應用階段：驗證假設、應用通則；(4)價值判斷與選擇階段。

(五)電腦輔助教學法

1.電腦輔助教學的意義

電腦輔助教學是事先將一些經過縝密設計的教材存入電腦，學生可以經由終端機按一定的步驟，以自己的進度或需要將某一課程內容「叫出」，進行一連串自我學習的方法。

2.電腦輔助教學的理論基礎

電腦輔助教學的理論基礎，包括：(1)教育工學的需要；(2)編序教學法；(3)連結理論；(4)認知理論；(5)社會學習理論。

3.電腦輔助教學的類型

電腦輔助教學的類型，包括：(1)練習模式；(2)家教模式；(3)遊戲模式；(4)模擬模式；(5)發現模式。

第五章 教學活動與流程的決定

　　教學活動與流程的決定，是教案撰寫的靈魂，同時也是教學設計的關鍵。一般的教學活動和流程的決定，必須考慮教學的一般模式、單元教學流程、教學活動流程，在教學準備活動階段、教學發展階段、教學綜合階段，依據單元教學目標的特性和內涵，做最妥善的安排，才能提升教師教學品質，增進學生的學習效能。有鑑於此，本章的主要內容將簡要的探討有關教學活動與流程的決定議題，提供教學準備活動階段、教學發展活動階段與教學綜合活動階段的實際案例，讓教師在撰寫教案時，有所依據並且研擬專業的教案。

一、教學的一般模式

(一)Glaser 的教學模式

　　Glaser（1965）針對教學活動的實施，提出教學的一般模式（參見圖5-1）。在教學的一般模式中，將教學的因素分成教學目標、起點行為、教學活動與教學評鑑等四個主要的階段。該模式的重點在於將教學目標視為教學活動的主要起始點，有了教學目標之後，必須瞭解學生的起點行為，分析學生的個別差異與學習動機的強弱，再依據教學目標與學生的起點行為，規劃相關的教學活動（包括教室管理、教學資源、教學技巧、時間掌

握、教材熟悉），更進而實施教學評鑑工作。

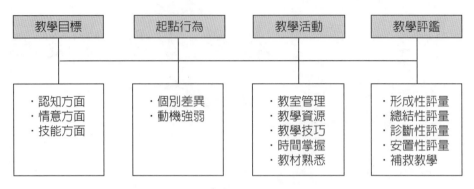

△圖5-1　教學的一般模式（Glaser, 1965）

1. 教學目標：一般的教學目標，分成認知目標、技能目標、情意目標。
2. 起點行為：在學生的起點行為方面，主要用意在於分析學生的個別差異與學習動機的強弱。起點行為在內涵方面，包括學習舊經驗、學習態度、學習方法、學習風格等。
3. 教學活動：一般的教學活動設計，要顧及教室管理、教學資源、教學技巧、時間掌握、教材熟悉等方面。
4. 教學評鑑：教學評鑑的類型包括形成性評量、總結性評量、診斷性評量、安置性評量以及補救教學的考慮。

(二)Amstrong 提出的教學模式

Amstrong（1978）提出的教學模式，包括明確的教學目標、學習者的診斷、學習策略的選擇、師生互動關係的建立、教學活動的評鑑等五個重要的階段（林進材，2011）：

1. 明確的教學目標

教學目標的訂定決定教學活動的方向與重點，教師在教學活動進行時，可以整合各種教學活動的資源、素材、設備，將各種經過篩選的目標做邏輯上的編排，並轉換成具體的目標，依據計畫進行教學，同時需要評

鑑教學目標的適切性。

2.學習者的診斷

學習者的診斷，重點在於瞭解學習者在學習上的準備度（即學習者會哪些、不會哪些的問題）、個人需求與興趣、學習的特質、以往舊有的經驗等。

3.教學策略的選擇

教師在設計教學時，可以依據本身在教學上的實際需要，與教學經驗的特性，選擇適當的教學策略，發展出屬於自身特性的教學策略，做為教學活動實施的參考。良好的教學策略，必須透過教學現場的驗證與修正。

4.師生互動關係的建立

教學模式的選擇與應用，展現在教師與學生的互動關係上。教學活動進行時，教師透過各種教學專業技巧和學生產生互動行為，如發問的技巧、增強技術的運用、班級經營技巧的運用、人際關係處理等。

5.教學活動的評鑑

教學評鑑工作的進行，應該在教學歷程中的每一個階段實施，讓教師可以隨時瞭解教學活動的進行情形。在教學中與教學後蒐集與教學有關的資料，以評鑑教學活動的優缺點，讓教師針對缺點部分隨時加以改進，並做為調整教學計畫的參考。教學活動的評鑑內容包括具體的教學目標是否適當？診斷教學的相關資訊是否適宜？所選擇的教學策略是否得當？教學中師生關係互動是否可以促進教學效果？透過各種形式的評鑑所得結果是否有效？評鑑結果能提供做為修改教學計畫的參考嗎？

(三)適性的教學模式

綜合相關的教學模式內涵與要素，一般教學模式至少應該包括五個重要的階段（參見圖 5-2）。

教學模式的建立，提供教師在教學設計、教學活動實施、教學策略擬定、教學單元化、教學評鑑等方式的參考，讓教師在教學活動進行時有可參考的架構可以依循。教師在教學生涯中，應該要針對自己的教學特色、

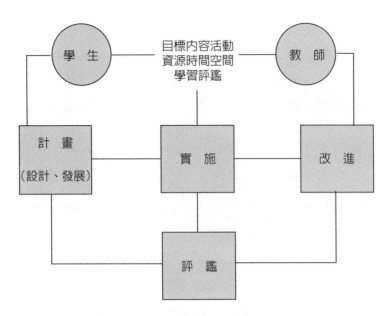

目標內容活動
資源時間空間
學習評鑑

📖圖5-2　一般教學模式（黃政傑，1997）

教學風格，發展或建立屬於自己特色的教學模式，並依據教學實際需要與教學經驗，隨時修正調整自己的教學模式，才能達到高效能的教學效果。

二、單元教學設計流程

(一)單元教學設計的優點

　　單元教學設計的主要用意，在於指導教師將單元教學有關的事件做系統性的整理歸納，做為教學活動實施的參考。單元教學設計的優點如下（羅鴻祥，1976）：

1.簡單、省時

　　可以提供教師簡單的教學活動設計，減少教師在教學設計上的時間負擔，可以在短時間就將教學設計完成。

2.科學化與模式化

將目標情境、活動、評量等做科學化的分析，並且建立工作模式。

3.具體化、細步化

將教學目標以具體的行為目標呈現，做為引導教學之用。

4.量表化

將教學設計流程明確的呈現出來，有助於教學活動的參考，並方便進行教學診斷，有利於補救教學。

(二)單元教學設計流程要素

一般單元教學設計大略分成十六個重要的步驟，茲將流程要素說明如下：

1.單元設計開始

依據學校年度與學期計畫，參考教科書、教師手冊、教師教學指引等進行單元教學設計活動。

2.確定教學單元

教師確定學科單元名稱、單元目標、單元教學概念等。

3.確定課程目標與課程地位

確定課程目標內容與課程的地位，並且結合單元教學。

4.教材系統分析

依據知識（概念）、技能（方法）、情意（理想）進行教材系統分析。

5.教學重點選擇

依據單元教學目標，選擇各課教學重點。

6.界定單元目標

依據知識（概念）、技能（方法）、情意（理想）等層面，界定並選擇單元目標。

7.教材系統分析

將各單元教材進行系統性的分析，選擇經驗並組織經驗，做為教學活

動進行的參考。

8. 教材重點選擇

在所有教材中選擇教材重點，進行規劃。

9. 界定行為目標

依據知識（概念）、技能（方法）、情意（理想）等層面，界定並選擇行為目標。

10. 設備的運用

有關教學設備的考慮，包括場所、教材、教具、教學資源、方式等。

11. 安排教學活動

依據學生的學習經驗、概念學習先後順序、知識系統化等，安排各種教學活動的實施。

12. 擬定評量活動

評量活動的擬定，包括評量標準與評量方法的決定。評量標準應依據行為目標的標準，評量方法可分成觀察或測量等方式。

13. 實施教學活動

依據教學設計，進行教學活動。

14. 評定教學成效

在進行教學一段時間之後，透過各種方式評定教學成效。

15. 教學評量結果處理

教學評量之後，依據評量結果選擇增強（鼓勵）或是診斷教學並實施補救教學。診斷與補救包括修正教學活動設計、改變教學情境設備、增刪教學目標。

16. 追蹤活動

針對完整的單元教學活動，進行專業性的追蹤活動。

三、學習活動流程基本模式

學習活動流程的設計，係參考教學活動設計而來。一般進行教案設計

時，有教師依據教學活動進行設計，有教師依據學習活動進行設計，此二者的效果大都一致。只要教師熟悉教學活動設計模式，依據教學設計進行教學活動，大都能收到預期的效果。學習活動流程基本模式圖分成五個不同形式，茲加以說明如下（羅鴻祥，1976）：

(一)直線式

直線式活動流程模式圖（參見圖5-3）適用情境如下：

1. 適用於全班教學。
2. 適用於同樣的教材、同樣的工具或同樣的情況中。
3. 適用於同一教學方法（或學習方法）。
4. 適用於基本知能的教學活動。
5. 適用於系統教學活動。

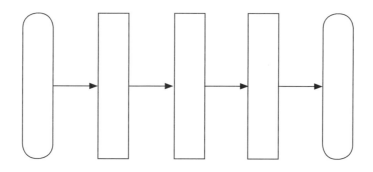

◢圖5-3　直線式學習活動流程圖（羅鴻祥，1976）

(二)雙枝式

雙枝式活動流程模式圖（參見圖5-4）適用的教學情境如下：

1. 適用於兩組比較教學時，例如兩組對立的比較或是用於比較效果時。
2. 用於比較方法、教材、效果、學習成效等。
3. 比較之後，有回饋作用或交替活動時。
4. 用於兩組協同教學（或學習）時。

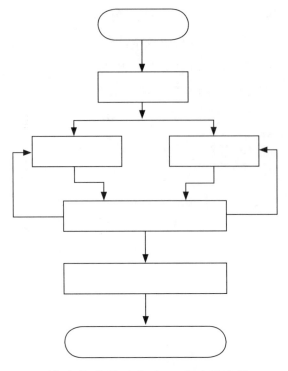

📖圖5-4　雙枝式學習活動流程圖（羅鴻祥，1976）

(三)多枝式

多枝式活動流程模式圖（參見圖 5-5），適用於下列教學情境中：

1. 用於採用個別化教學時。
2. 用於適應不同的能力、程度和學習興趣時。
3. 用於兩組以上的協同教學時。
4. 用於音樂合唱、合奏時。

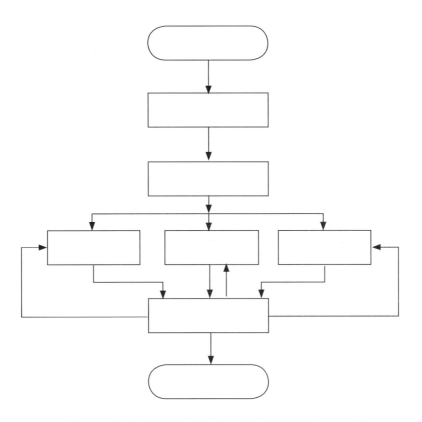

◇圖5-5　多枝式學習活動流程圖（羅鴻祥，1976）

(四) 跳躍式

跳躍式活動流程模式圖（參見圖5-6），適用於下列教學情境中：

1. 適用於不同的熟練程度。
2. 適用於生疏的、熟練的、需要多練習的教學情境中。
3. 適用於不同的領悟程度，例如：領悟力強的可以跳過某些步驟、領悟力低的，需要一步一步學習。

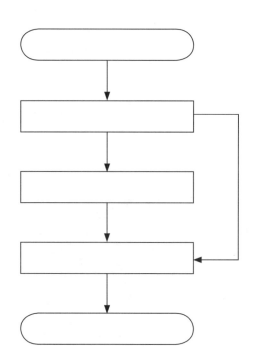

✑圖5-6　跳躍式學習活動流程圖（羅鴻祥，1976）

(五) 試誤式

　　試誤式活動流程模式圖（參見圖 5-7），適用於下列教學情境中：

1. 用於解決問題的思考教學中。
2. 應用杜威思維術的教學情境中。

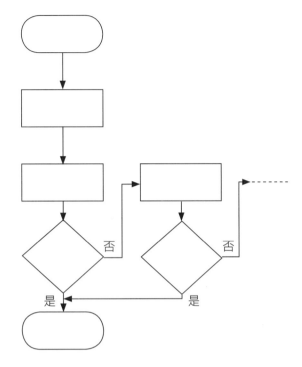

☆圖5-7　試誤式學習活動流程圖（羅鴻祥，1976）

四、教學準備活動階段

　　教學活動是一種動態循環的歷程，一般將教學活動分成教學前（教學計畫階段）、教學中（教學互動階段）、教學後（教學評鑑）三個重要的階段。在教學設計時，將教學活動區分成教學準備活動階段、教學發展活動階段、教學綜合活動階段。茲將教學準備活動階段說明舉例如下：

(一)課前的準備活動

　　課前的教學準備活動，指的是教師在單元教學前，所有和教學有關的準備活動。課前的準備工作，包括教師教學上所需要的教科書、教師手冊、教學指引等內容的熟悉，針對教學目標、單元教學、教學資源、教學時間、教學活動、教學評量等撰寫的教案等，都是課前準備活動需要完成

的部分。

(二)課間的準備活動

　　課間的準備活動，一般指的是在課堂上實際進行課程內容的教學前，引導學生使其在心理上進入學習的準備狀況的前導活動（朱則剛，2007）。在課間的準備階段，最重要的是引起學習動機。引起學習動機是教學一開始的重要工作，透過引起動機激發學生學習上的興趣，點燃學生的學習熱情，讓學生透過引起動機對單元教學有概要式的理解。

　　教師在引起動機方面，可以透過書面資料、口頭講解、趣味影片、帶活動、簡單遊戲等，激發學生的學習熱情，同時引導學生進入學習狀態。引起動機的主要功能，在於引導學生集中學習注意力，進而展開正式的教學活動。

(三)教學準備活動階段舉例

☺ 例 1：國小數學領域教學教案設計──教學準備活動階段

目標代號	教學活動	教學資源	時間	教學評量
	壹、準備活動 一、課前準備 　（一）教師 　　　準備有關長方體（形）及正方體（形）的圖片和實物（面紙盒、魔術方塊）、單槍投影、電腦、教具（頂點珠和造型棒）。 　（二）學生 　　　學生已於課堂前先行分組並坐定位置。準備長方體及正方體紙盒、西卡紙、剪刀、膠水、頂點珠和造型棒。 二、引起動機 　　用投影幕展示長方（形）體和正方（形）體的圖片，之後則是將長方體及正方體的實物（面紙盒、魔術方塊）展示給同學看，詢問學生圖片上的物品是什麼圖形並說明原因；並且再詢問學生正方體和正方形的差異。	電腦、投影幕、單槍投影機、面紙盒、魔術方塊	5分鐘	

☺ **例 2**：國小五年級上學期數學領域教學教案設計──教學準備階段

目標代號	教學活動	教學資源	時間	評量
	壹、準備活動 一、課前準備 　(一)教師 　　1.課前先準備徑賽相關影片，並選取起跑點在相同線上的徑賽。 　　2.動物圖卡（狗、獅子、馬、獵豹、人類、牛、羊、烏龜）。8 張圖卡分別寫上各自在相同時間移動的距離長度。 　　3.教室後方貼上一條起始線。 　　4.確認電腦設備。 　(二)學生 　　應於課前預習 P.148，思考課本中提問。 二、引起動機 　教師擷取體育新聞中徑賽相關影片，撥放 7 秒後暫停，讓學生觀察選手定格位置的狀況，以常見的跑步引發學生對快與慢的學習動機。	影片、投影機	5 分鐘	

☺ **例 3**：國小五年級下學期鄉土教學教案設計──教學準備階段

具體目標代號	教學活動	教學資源	教學時間	教學評量
	壹、準備活動 一、課前準備 　(一)教師 　　單槍投影機、實務投影機、教材簡報 PPT。 　(二)學生 　　文具。 二、引起動機 　1.教師先呈現一幅荷蘭時期臺灣古地圖，請學生進行分組搶答： 　　◎這張圖片是指哪一個島嶼？ 　　◎這與今天的島嶼有何不同呢？ 　2.開始呈現本堂課程之教學簡報，並請學生翻開鄉土教材課本。	單槍投影機、教學簡報、古地圖	5 分鐘	

☺ **例4**：國中八年級綜合活動領域教學教案設計──教學準備階段

第一節　愛與喜歡大作戰				
具體目標代號	活動內容	時間	教學資源	教學評量
	──第一節課開始── **貳、準備活動** 教師自我介紹 ・田怡芬 ・上課（實習）時間： ・教師期望： 　希望可以好好合作，共同完成這學期的學習歷程。 ・課程規則介紹（加分方式、舉手發言）、默契建立。 ・課堂要求：認眞參與、踴躍發表。 ・請學生分組完成。	5分鐘		

☺ **例5**：高中二年級家政科教學教案設計──教學準備階段

具體目標代號	活動內容	教學資源	時間	教學評量
	壹、準備活動 一、課前準備 　(一)教師 　　1. 與美術老師磋商「色彩學」單元的授課內容與上課時間。 　　2. 蒐集資料，準備教材及教學資源。 　　3. 製作上課用學習單、約 40cm 平方之畫布。 　　4. 準備電腦、單槍投影機。 　(二)學生 　　1. 全班分爲六組。 　　2. 值日組提早到教室準備、發講義，並做各項小組評分。 　　3. 帶可供圖畫的正面半身照片一張。 二、引起動機 　　1. 請同學分享美術課「色彩學」單元的上課心得，然後以圖片呈現的方式，讓學生觀察並思考不同的服裝色彩搭配方式予人的不同感覺。 　　2. 以圖片呈現的方式讓學生觀察並思考比較不同的線條之方向、粗細、數量……給予人的視覺效果。	PPT	5分鐘	

五、教學發展活動階段的內涵與舉例

　　教學發展活動是單元教學的主體，一般的單元教學活動，在教學發展活動階段大約 30 分鐘的時間。教學發展活動階段，包括教學理論與方法的採用、教學活動的進行、教學資源的運用、教學目標的實現、教學評量標準與方法的運用等。撰寫教案時，在教學發展活動階段，應該要考慮下列的因素。

(一)教學發展活動注意事項

1. 依據教學目標選擇教學方法

　　教學方法的選擇，要依據教學目標的內涵做選擇。因為，不同學科的教學目標，<u>必須用不同的教學方法配合</u>，才能使教師在教學中透過方法的運用，達到單元教學的目標。例如，數學領域的教學和社會領域教學，在教學方法的使用會有不同，教師必須依據教學目標的內涵，選擇適當的教學方法。

2. 依據教學目標設計教學活動

　　教學活動的設計，主要用意在於達到預期的教學目標。在教學設計階段，教師宜透過教學目標的內涵，設計適性的教學活動，讓學生由教學活動中學習主要的概念，使教學達成預期的目標。

3. 依據教材內容選擇教學方法

　　教材內容和教學方法之間的關係，是相當密切的。不同的教材內容，適合不同的教學方法。如果教學方法和教材內容無法配合，教師容易在教學活動中形成紛擾的現象，無法有效掌握教學活動的進行。

4. 依據學生特性選擇教學方法

　　學生是教學的主體，唯有掌握學生的各種特性，才能在教學活動中採取適當的策略和方法。教學方法的選擇，需要結合教師對學生的瞭解，學生的學習動機、學習興趣、學習表現等。如果教學方法與學生的特性背道而馳，教學目標很難達成預期的效果。

5.依據教學資源選擇教學方法

教學資源對教學活動的實施，具有相輔相成的功能。在選擇教學方法時，宜考慮教學資源的多寡、類型與便利性。例如，中小學鄉土教育活動的實施，需要考察地方廟宇，而地方廟宇如無法提供相關的資源，則教師就應該選擇不同的教學方法。

6.依據教學目標選擇評量標準

教學評量標準與方法的決定，必須依據教學目標的內涵。因為教學目標是教學的主要關鍵，而教學評量的主要功能在於確定教學目標的達成情形，因此，教學評量的方法與標準，要和教學目標密切結合。

(二)教學發展活動舉例

☺ 例 1 ：國小三年級上學期數學學習領域教學教案設計

單元名稱：第二單元：加法

教材來源：南一版第五冊

教學發展活動：

具體目標代號	教學活動	教學資源	教學時間	教學評量
1-1-1 1-1-2	**貳、發展活動** 一、三位數不進位、進位的加法問題 ◎教師布題一：王叔叔的農場裡種了 163 株玫瑰和 225 株向日葵，共種了幾株花？ ・學生分組討論並記錄解題過程。 ・各組推派一人上臺發表，說明解題方法。 ・學生可能的記法： 1. $100 + 200 = 300$ $\quad 60 + 20 = 80$ $\quad 3 + 5 = 8$ $\quad 300 + 80 = 380$ $\quad 380 + 8 = 388$（株）	情境圖、數字卡	4分鐘 5分鐘	能記錄解題過程並發表 能釐清題意，正確說明。

具體目標代號	教學活動	教學資源	教學時間	教學評量
1-2-1	2. 3 + 5 = 8 　　60 + 20 = 80 　　100 + 200 = 300 　　8 + 80 = 88 　　88 + 300 = 388（株） 3.　　163 　　＋225 　　　388			
3-1-2	二、三位數一次進位的加法問題 ◎教師布題二：農場裡種了 163 株玫瑰花，王叔叔又種了 375 株，共有幾株玫瑰？ ‧請學生說說看，他們是怎麼做的? ‧用直式算算看。 　（老師在黑板上做，也請學生自己在小白板上計算。） ‧列出幾個題目請學生算算看	情境圖、數字卡	3 分鐘 3 分鐘 5 分鐘	能釐清題意，正確說明。 能用直式記錄運算過程
1-2-2	(1) 408 + 361 = (2) 792 + 166 = (3) 517 + 246 = ‧兒童各自試算，師生共同訂正。	情境圖、數字卡		能記錄解題過程並發表
2-1-1 3-1-2 3-2-1	三、三位數連續進位的加法問題 ◎教師布題三：凡凡和朋友到農場玩，想買一罐茶葉送給媽媽，但身上只有 295 元，不夠 105 元，一罐茶葉賣幾元？ ‧學生分組討論並記錄解題過程。 ‧各組推派一人上臺發表，說明解題方法。 ‧用直式算算看。 　學生可能的記法： 　　295 　＋105 　　400 答：400 元 ‧請學生說說看，他們是怎麼做的？		4 分鐘 5 分鐘 3 分鐘 2 分鐘	能舉例說明生活中運用到加法的例子小組能合作寫出做法 能釐清題意，正確說明。

☺ **例 2**：國小五年級上學期數學領域教學教案設計

　　單元名稱：第五單元：時間的運算

　　教材來源：翰林版第九冊

教學發展活動：

目標代號	教學活動	教學資源	時間	評量
	貳、發展活動 一、瞭解快慢與距離的關聯（以動物圖卡進行） 　1. 教師展示圖卡，並說明數字代表動物一分鐘行進的距離。 　2. 教師將圖卡兩兩一組（例如：人類／烏龜）分爲 4 組，並請所有學生比較何者在 1 分鐘內移動之距離較遠。 　3. 教師講解快慢可在時間相同的條件下，由物體移動的距離得知。 　4. 教師抽點學生比較任兩張圖卡「快與慢」的概念。 二、進行跨步活動（教室進行） 　1. 請左側與右側學生將走道拓寬，講解活動並請全班安靜進行活動。 　2. 請兩位學生由教室後方起始線就位，教師說「走」時學生即可出發進行折返，教師在 10 秒後請學生停止移動。 　3. 請學生利用距離的概念，分組討論兩名學生的快慢。 　4. 學生發表後，教師講解利用尺或地上格紋測出兩名學生行進距離，讓全班瞭解快慢影響到速率。 三、教師在教室各示範一次前方快走與慢走提問學生何次較快，請學生判斷，並提出快慢是相對性，非絕對性的觀念。	影片、 投影機 圖卡、 課本	5分鐘 2分鐘 2分鐘	能正確回答三組不同組合的距離遠近關係

☺ **例 3**：國小一年級語文領域教學教案設計

單元名稱：大樹

教材來源：自行設計

教學發展活動：

教學活動	時間	教學資源
一、教學活動 　(一)教師運用注音符號上方的動物，帶學生唸過一次，並做本課注音符號的重點提醒，讓學生對注音符號有初步的認識。 　　‧袋鼠：ㄉㄞˋ　ㄕㄨˇ 　　‧馬：ㄇㄚˇ 　　‧河馬：ㄏㄜˊ　ㄇㄚˇ 　　‧貓：ㄇㄠ 　　‧螃蟹：ㄆㄤˊ　ㄒㄧㄝˋ 　(二)將注音符號上的動物串連為一個小故事，且讓學生演一小齣短劇，加強學生的記憶。 　　1. 全班分成四小組。 　　2. 每組用故事演出一齣大約5～8分鐘的小短劇。 　　3. 教師給予回饋，並將故事與課文做連結。 ◎故事： 　　有一天，袋鼠和貓咪在比誰對朋友比較好，袋鼠說：我比較好，我有一個可以讓貓咪進去玩的大袋子，貓咪說：我比較好，我可以爬到樹上摘水果給你吃，我比較好。他們一直吵啊一直吵，最後他們想到去找河馬問問看誰比較好，於是他們就出發去找河馬。 　　走著走著，他們發現河馬在前面不遠的地方休息，他們就問河馬誰比較好，但河馬說：我比較好，我有一個大嘴巴，可以把好多水含在嘴裡，吐出來變成噴泉讓你們沖澡。他們三個就一直吵啊一直吵，袋鼠就說去找小螃蟹問問看誰比較好。他們問螃蟹，但螃蟹說：我最好，我有一雙大剪刀，可以把你們弄不斷的東西給剪斷，我最好。這個時候，小馬就走過來說：我最好，我跑得很快，可以幫你們把東西送到很遠的地方，我最好。於是袋鼠、貓咪、河馬、螃蟹和小馬就一直吵啊一直吵，吵了好久。不過天氣好熱，他們覺得有點中暑了，想找個地方休息。 　　此時，小馬說前面不遠的地方有一棵好大的大樹，我帶你們去，於是小馬帶著袋鼠他們去大樹下休息。到了大樹下後，大家覺得舒服很多，袋鼠就說了大樹真是好，它讓我們全部的人都可以休息，大樹真是我們的好朋友。		繪本 動物圖片 注音符號字卡 （ㄉ、ㄚ、 ㄏ、ㄠ、ㄆ） 動物圖片

☺ **例 4**：國中九年級社會領域歷史科教學教案設計

　　單元名稱：第五單元：第一課　古埃及文明

　　教材來源：翰林版第五冊

　　教學發展活動：

具體目標代號	教學活動	教學資源	教學時間
	貳、發展活動	簡報、影片播放	4分鐘
1-4-2-1	一、講述法		
1-4-2-2	1. 運用課本地圖介紹古埃及地理形勢是北低南高，故河水是由南向北流入地中海；並說明尼羅河定期氾濫的重要性，亦可運用大禹治水的故事說明河流與人類生活的密切關係。		
2-4-3-1	2. 介紹古王國、中王國、新王國的歷史進程與時代特色。		
9-2-2-1	3. 運用金字塔立體書籍，並播放動畫說明金字塔的建築技巧及其意義。		
4-4-3-1			
4-4-3-2	4. 說明埃及的多神信仰及靈魂不滅的生命觀，並介紹木乃伊的製作過程做為呼應。	P.66地圖	4分鐘
9-2-2-1	5. 介紹古埃及的象形文字、太陽曆法、數學及醫學成就。		
2-4-3-1	二、欣賞法	板書	3分鐘
9-2-2-1	1. 欣賞埃及新王國時期第十八王朝法老圖坦卡蒙面具圖像，觀察法老王權與埃及藝術之美。		
9-2-2-1		金字塔立體書	4分鐘
	2. 觀看金字塔及獅身人面像圖片，體會該建築物品完工之艱鉅過程。	木乃伊立體書	
2-4-3		簡報	5分鐘
	三、比較法		
9-2-2	1. 運用學生已習得之西亞、埃及、中國文明，分析河流與古文明發展之關聯。		5分鐘
			2分鐘
	2. 學生已於國文課程中習得象形、指事、會意、形聲、轉注、假借的文字奧妙，配合本課程，觀察中國象形文字與埃及象形文字差異性並試著表達看法。	簡報	2分鐘
		簡報	2分鐘
	．參考一：許慎《說文解字》：「象形者，畫成其物，隨體詰詘，日月是也。」	學習單	
	．參考二：腓尼基人將簡化的字母向外傳播，成為西方語文字母的共同源頭。	尋找金字塔動畫（歷史文化學習網）	5分鐘
			4分鐘

☺ **例5**：國小三年級上學期語文領域國語科教案設計

單元名稱：阿瑪迪斯

教材來源：南一版第五冊（第十一課）

教學發展活動：

<table>
<tr><td colspan="5" align="center">教學活動流程</td></tr>
<tr><td>目標
代號</td><td align="center">教學活動</td><td>時間
分配</td><td>教學
資源</td><td>評量方式
與表現標準</td></tr>
<tr>
<td></td>
<td>
貳、發展活動
一、請學生朗讀本課課文
    老師針對各段課文進行朗讀帶讀指導。本課
    為韻文，在朗讀時，要有韻律及好聽的音
    調。
</td>
<td>3分鐘</td>
<td>課本</td>
<td></td>
</tr>
<tr>
<td>2-1

3-1
3-3</td>
<td>
二、以問答的方式帶領學生探討本課大意
  1. 這一課的主角是誰呢？（阿瑪迪斯）他的
     名字是什麼？（莫札特）
  2. 阿瑪迪斯的意思是什麼？（神之愛）老師
     也解釋神之愛的意思為「神的禮物、神所
     愛的」——音樂神童。
  3. 在課文中，音樂比喻了哪些事物？（冰淇
     淋、甜點、小鳥、溪水、光）
  4. 年紀輕輕就被神喚回身旁，意思是？（莫
     札特年輕時就去世了）
  5. 課文中有兩句，很有意境，我們感受到它
     輕飄飄的，有趣味性的，是哪兩句呢？
     （讓我帶著你的心輕輕飛翔、Do Re Mi Fa
     Sol La Si）

三、將本課大意讓學生複誦一次

四、生字教學
  1. 阿（ㄚ）
    造詞：阿拉、阿姨（多用於稱呼或是譯
         名）。
  2. 瑪（ㄇㄚˇ）——強調部首是玉部。
    造詞：珍珠瑪瑙、噶瑪蘭。
  3. 迪（ㄉㄧˊ）
    造詞：啟迪、迪化街、迪士尼。
  4. 斯（ㄙ）
    造詞：斯文、瓦斯、宙斯、斯巴達。
  5. 名（ㄇㄧㄥˊ）
    造詞：名氣、報名、命名、名額、名聲、
         名氣、名義。
    成語：赫赫有名、隱姓埋名、名落孫山、
         名副其實、名不虛傳。
  6. 莫（ㄇㄛˋ）
    造詞：莫非、莫名、莫須有、莫若。
</td>
<td>2分鐘
20分
鐘</td>
<td>電子
書</td>
<td>學生能正確
書寫生字
學生能發表
造詞</td>
</tr>
</table>

教學活動流程				
目標 代號	教學活動	時間 分配	教學 資源	評量方式 與表現標準
	7. 札（ㄓㄚˊ） 　造詞：札記、書札、手札。 8. 之（ㄓ）──通常是沒有特別意思的詞。 　成語：一笑置之、不了了之、敬而遠之、 　　　　總而言之、一言以蔽之。 9. 窮（ㄑㄩㄥˊ） 　造詞：窮困、窮人、無窮無盡。 10. 旋（ㄒㄩㄢˊ） 　造詞：旋轉、周旋、盤旋、螺旋、迴旋、 　　　　旋律。 11. 律（ㄌㄩˋ） 　造詞：法律、律師、律詩、紀律、一律、 　　　　音律。 12. 捕（ㄅㄨˇ） 　造詞：捕抓、逮捕、追捕、緝捕、捕魚、 　　　　捕快。 13. 笛（ㄉㄧˊ）──強調部首是竹部，以前 笛子是竹子做的。 　造詞：笛子、笛聲、警笛、汽笛、長笛。 14. 冰（ㄅㄧㄥ） 　造詞：冰涼、冰冷、冰水、冰雪、溜冰、 　　　　冰棒、冰河、冰塊。 　成語：冰雪聰明、冰天雪地。 15. 淇（ㄑㄧˊ） 　造詞：冰淇淋。 16. 淋（ㄌㄧㄣˊ） 　造詞：淋雨、淋濕、淋浴、淋巴管。	4分鐘 (1分鐘)		學生能理解 詞語的意思
	五、新詞教學 1. 神童：在某方面聰慧異常的小孩（複習第 六課也講過的神童──駱賓王。中外都有 許多神童，舉例說出了駱賓王、李白、莫 札特）。 2. 無窮：沒有盡頭、極限（舉例宇宙是無窮 無盡，學生希望下課是無窮無盡的）。 3. 旋律：把一群高低、長短、強弱不同的樂 音，按照節奏上一定的關係連續演奏，稱 爲旋律（哼唱兒歌讓學生聽聽旋律，並說 明旋律和歌詞的差別）。	1分鐘		學生能正確 完成家庭作 業

六、教學綜合活動階段

教學綜合活動階段，是單元教學活動的最後一個階段。一般，在教學綜合活動階段，包括綜合歸納、教學評量與指定作業工作，茲加以說明如下：

(一)綜合歸納

綜合歸納是教師在教學綜合活動時，提示學生該節課的教學重點，引導學生再複習一次單元教學的重點，透過綜合歸納活動，可以加強學生的學習印象，同時提示學生該節課的重點。

(二)教學評量

教學評量主要目的在於瞭解教學目標的達成情形，瞭解學生在學習方面的變化情形，並做為教師檢討教學活動的參考。在綜合活動階段，教師應該透過總結性評量的方式，瞭解學生的學習情形，並做為是否補救教學的依據。

(三)指定作業

在課程即將結束前，教師應該利用 3～5 分鐘時間，提醒學生下一單元（或下一節課）的教學重點，學生本身需要準備的資料或備課之處。

(四)教學綜合活動舉例

☺ **例 1** ：國小三年級上學期英語科教案設計

單元名稱：第三冊：Lesson 4

教材來源：Enjoy

綜合活動案例：

行為目標	教學活動	時間	教學資源	評量方式
1-2 3-1	**參、綜合活動** 1. 請學生和左右的同學演練對話。 2. 老師將學生分成兩組，每一組各派代表並在老師下口令之後，請同學去找另外一組的同學完成對話練習。 3. 換邊練習，可重複數次。	3分鐘 3分鐘 4分鐘	CD CD player	能認真練習 能仔細聆聽 能正確發音

☺ **例2**：國中數學領域數學科教學教案設計

單元名稱：正負數與絕對值

教材來源：翰林版第一冊

綜合活動案例：

行為目標	教學活動	教學資源	能力指標	時間	評量方式
5-1 6-1 8-1	**參、綜合活動** 1. 學生做習題練習。 2. 學生發問教師解答。 3. 以生動之教學媒體增進學習興趣。 4. 每一小段落，做隨堂練習。	學習單	C-E-1	5分鐘	能計算 會發問

☺ **例3**：國小五年級上學期數學領域教學教案設計

單元名稱：第八單元：時間的乘除

教材來源：南一版第九冊

綜合活動案例：

行為目標	能力指標	教學活動	時間	教學資源	評量方式
	C-R-01 C-S-04	**參、綜合活動** 一、通關密碼 　　1. 教師發下題目學習單，講解規則：以組為單位分四組，每一組可以進行分工計算題目，兩分鐘後，教師會唱名每一組上臺連線，連線時間限制 5 秒，若沒有完成連線，或連線錯誤則該組不加分。 　　2. 請各組分別上臺完成連線。 　　3. 教師進行小組加分：將連線正確的小組，加20分。 　　4. 針對題目歸納重點。 　　5. 請學生完成學習單。 二、教師提示下節課重點 三、指派今天回家功課	3 分鐘	題目海報 題目學習單	實作評量

☺ **例 4**：國小五年級語文領域國語科教學教案設計

單元名稱：第五課　油桐花開

教材來源：康軒版第九冊

綜合活動案例：

行為目標	能力指標	教學活動	教學資源	時間	評量方式
1-1 1-2 1-3 1-4 1-5	 C2-3-7 D2-2-3 B2-2-10	三、總結活動──生字遊戲：衝鋒陷陣 ◎遊戲規則 1. 全班分成四組，每組派一個人到講臺前翻牌，輪流上臺，人員不可重複。 2. 所有字卡反面貼在黑板上。 3. 學生必須聽到老師的指示字以後，各組派一個人上臺拿下一張正確的字卡，翻開正確的則加一分，翻開錯誤的則必須再反貼回去。 4. 直到黑板的字卡全被拿走，則遊戲結束。 5. 計算各組得分。	字卡 計分板	10 分鐘	能迅速翻開正確的字卡

第六章　教學資源要怎麼選擇

　　教學資源的運用，不僅可以引起學生對教師教學內容的學習動機與興趣，經由各種資源的輔助與呈現，讓教師說明教材內容及示範、操作等技能，同時促使學生養成正確的觀念、態度與批判能力，增進教師的教學效果與學生的學習成果。因此，本章的內容在於說明教學資源要怎麼選擇的問題，提供教師瞭解教學資源怎麼運用、教學媒體有哪些、教學材料怎麼規劃、教學情境怎麼布置等問題。

一、教具要怎麼運用

　　教具的主要功能在於強化教學的重要概念，或是說明概念知識的內涵。教師在運用教具時，要依據教學目標、教學活動、教學理論與方法的需要，選擇適當的教具，強化教學的效果（林進材，2010）。

(一)教具的功能

1.提高學生的學習興趣

　　教師在教學中可以運用實物、標準、模型、圖畫、掛圖、地圖、表解等類型的教具，提高學生的學習興趣，加深學生的學習印象。例如講解中國大陸的省分時，可以透過中國大陸地圖做為上課的說明，學生就可以瞭解大陸各省分的相對位置。

2. 協助學生學到他們該知道的

教師在教學活動進行時，可以透過各種教具說明抽象的概念，讓學生瞭解學習知識的內涵和意義。例如在講解各種原理原則時，可以透過舉例或教具引導學生理解各種概念的意義。

3. 增進學生瞭解課程內容

教具的使用有助於教師引導學生理解課程內容，學生可以在實物的操作中，透過教具的操弄，將各種實作與課程內容做緊密的結合，尤其是抽象概念和具體事物之間的連結。

4. 加深學生的印象

教具的使用可以加深學生的學習印象，例如在進行各種生化實驗時，讓學生操作各種實驗儀器，才能加深學生對該儀器操作和使用的印象。在進行數學領域教學時，有關於面積的計算，必須讓學生實地丈量，才能加深學生的學習印象。

5. 強化生活上的應用

教具的使用，可以引導學生集中注意力在課程教學中，透過學習架構瞭解更多的生活經驗，將各種生活經驗運用在生活中。

6. 充實學生的實際經驗

教具的使用有助於教師將課程與教學內容抽象概念具體化，對學生的學習有正面的作用，同時可以充實學生的實際經驗。例如，教師講解滅火器的操作與運用，可以考慮讓學生有實際操作的學習經驗。

7. 增強學生的記憶

教具的設計通常會結合課程與教學中的重要概念或原則，將抽象概念具體化。教師可以運用教具，將抽象概念具體化，讓學生操作教具，有助於學生將各種抽象概念不斷在腦海中重複，加強學生的學習記憶。

8. 獲得正確的知識

教具的運用可以讓教師將各種重要名詞做正確的指導和講解，避免因為口頭講解，導致學生一知半解，無法學到正確的知識。

9.節省教師教學時間

教師在教學中運用教具，可以減少不必要的講解時間，透過教具的使用可以做課程內容重點式的講解。教具可以縮短學生的學習時間，教師可以因此教比較深的內容，讓學生有更多的時間進行練習。

10.建立學生的學習信心

教師在教學中透過教具的輔助，可以引導學生從中模仿或操作教具，從各種不同的教具中學習，有助於學生學習成功機會的加強，進而建立學生的學習信心。

(二)教具的運用原則

教具的運用主要是依據教學目標（或單元目標），選擇適合的教具強化教師的教學效果。教師在教具的運用上，可以考慮下列原則（林進材，2010）：

1.適當的使用時機

教師在運用教具時，應該要避免教具搶走教學的風采。避免單元教學一開始，就將各種教具展現出來，如此，容易分散學生在學習上的注意力，降低教學的效果。

2.重要概念的結合

教具的運用在於強化教師概念的教學，因此教師必須將各種重要的概念，透過教具的展示和運用，提高學生的學習動機和興趣。

3.色澤上的考慮

教具的運用應該要考慮色澤上的學習心理，符合心理學有關人類色彩的特性，在色彩上和字體方面的印刷應該要鮮明，字體大小適合學生的視覺為宜。

4.配合教學講解

在運用教具時，要配合教學活動的實施，和教師的教學講解相互輔助，學生在學習重要概念時，才能將各種抽象概念具體化，強化學習印象。

5.配合各種形式的評量

　　運用教具呈現教材時，可以透過教具，以問答的方式，瞭解學生在學習方面的情形，做為改進教學的參考。

6.教具數量不宜過多

　　教具的使用在數量方面應該要適度，不宜一次使用太多教具，使學生眼花撩亂，反而失去教具本身的功能。教師在呈現教具時，要依據概念教學考慮教具呈現的先後順序。

7.指導學生正確的學習

　　教具運用在教學歷程中，教師要能瞭解教具本身的特性，注意教具所強調的效果，在教具使用上要注意富變化，以免讓學生感到單調乏味。在運用教具時，教師要能指導學生正確學習，才能發揮教具本身的作用。

8.安排討論時間

　　教師在運用教具時，必須配合討論時間的安排，引導學生針對重要概念進行討論，如此有助於學習成效的提升，同時可以提高教學的品質。

(三)教具的選擇標準

　　教師在教具的選擇方面，要配合教學目標的達成，使教學活動達到預期的效果。有關教具的選擇標準，一般要考慮教師手冊（或教學指引）內對於教具的要求，或是考慮教科書配合的現有教具。教師在選擇教具時，通常必須考慮下列特性（黃銘惇、張慧芝譯，2000）：

1.製作廠商的聲明

(1)對材料的描述是否清楚與真實？

(2)所宣稱的效用是否獲得證實？

(3)是否提供關於該材料在發展上以及實地測試上的詳細資料？

(4)是否提供使用者滿意度的資料？

(5)作者聲望是否明確令人信服？

2.費用方面

(1)是否詳列總費用以及個別學生的費用？

(2)需要再補充哪些其他的材料？

(3)這些材料是否與其他的材料可以相容？

(4)學生和教師需要花費多少時間去使用這些材料？

(5)使用這些材料，教師必須具備什麼樣的品質或在職訓練？

(6)製造廠商是否提供經常性的支援與問題的解決？

3.內容方面

(1)對學生和課程計畫而言，這些材料是否合適？

(2)材料是否精密、有趣且新穎？

(3)材料是否避免性別、種族，以及其他形式的偏見？

4.教學上的意涵

(1)所有課程目標是否清楚？

(2)是否針對特定的對象？

(3)對於學生不同的資質程度，這些材料是否皆具備挑戰性？

(4)教師的角色是否有明確的界定？

(5)這些材料是否以各種不同的形式呈現？

(6)這些材料是否能夠做為自我教導之用？

(7)這些材料是否能積極地引起學生的興趣？

(8)是否能夠提供練習的機會？

(9)是否包含自我測驗與回饋？

二、教學資源要怎麼運用

教學資源的使用，一般是配合教師教學活動的實施。教師教學活動的實施，依據教學階段而分，可以分成教學前置作業階段、教學計畫階段、教學互動階段、教學評鑑階段。

(一)前置作業階段

在這個階段中，教師尚未真正進入教學階段，因此在教學資源的考慮和蒐集上，會採比較廣泛的方式，只要對教學有輔助作用的教學資源，

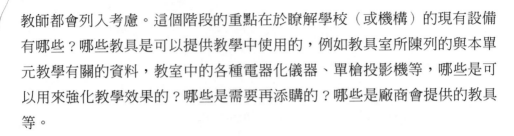

教師都會列入考慮。這個階段的重點在於瞭解學校（或機構）的現有設備有哪些？哪些教具是可以提供教學中使用的，例如教具室所陳列的與本單元教學有關的資料，教室中的各種電器化儀器、單槍投影機等，哪些是可以用來強化教學效果的？哪些是需要再添購的？哪些是廠商會提供的教具等。

(二)教學計畫階段

　　教學計畫階段一般指的是撰寫單元教案階段，教師在計畫教學階段，會參考各種與教學有關的書籍、文件資料，例如教科書、教師手冊或教學指引，瞭解本單元內容以及重要的提示。透過各種文件或書籍的引導。教師可以蒐集各種與教學有關的資料，充實本身對教學單元的瞭解，因應未來教學活動所需要的條件。

(三)教學互動階段

　　教學互動階段中，教師必須以各種事先準備好的教學資源，配合教學活動的進行，提高學生的動機與興趣。教師透過教學資源的運用，使教學活動的內容更加充實，教學方法與策略更多元，學習活動的內容更生動活潑，使教學與學習的效果更精進。

(四)教學評鑑階段

　　教師在教學結束之後，可以依據學生在學習方面的變化情形、學生的學習和回饋訊息，檢討教學活動實施的成效，進而形成新的教學計畫。在教學評鑑階段，教師除了對教學活動進行檢討外，也應該針對所使用的教學資源成效進行各種評估，瞭解教學資源在教學活動中所產生的功用和成效，做為蒐集採用教學資源的參考。

　　教學資源的使用，有時間性的考量，也有形式上的考量。如果教學資源的使用是短時間的，教師不必花太多時間在教學資源的整理上；如果教學資源的使用是長時間的，教師應該多花心思在教學資源的整理上。如果教學資源的運用，涉及各機關團體的整合問題，教師就必須花時間在教學

資源的整合上，才能收到預期的教學效果。

三、教學媒體有哪些

　　教學媒體的運用，依據不同單元目標和教學需求，而有不同的類型。教師在運用教學媒體時，必須在任何一種情境之下都有訊息傳達，而且可以達到預定的教學目標，才能稱得上是優質的教學媒體（林進材，2010）。教學媒體依據本身的特性，可以分成五種形式不同的媒體：

(一)放映式教學媒體

　　放映式的教學媒體是指必須透過各種投影器材放大靜態影像的媒體，是一種教師教學中最常使用的媒體。放映式教學媒體分成三種：

　　1.單槍投影機。

　　2.幻燈片。

　　3.實物投影機。

(二)非放映式教學媒體

　　非放映式教學媒體，通常是不必經過放映就可以觀看的媒體。非放映式教學媒體分成下列幾種：

　　1.各種印刷材料。

　　2.黑板、白板。

　　3.電子白板。

　　4.圖表、表解。

　　5.實物。

　　6.教學模型。

　　7.地圖或教學資料等。

(三)聽覺式教學媒體

　　聽覺式教學媒體主要的特色，在於強化學生的學習動機和興趣，同時可以滿足學生在聽覺方面的學習。聽覺式的教學媒體分成下列幾種：

1. 唱片（或 CD 光碟）。

2. 錄音設備或光碟。

3. 廣播系統。

4. 電腦設備。

(四)動態視覺媒體

動態視覺的媒體，主要在於強化教師教學效果。目前已經進化至數位化的程度，教師可以利用各種數位設備，加強教學成效與學習成果。動態視覺媒體類型如下：

1. 教育影集。

2. 錄影媒體。

3. 電視。

4. 錄影錄音系統。

5. 各種數位設備。

(五)以電腦為基礎的媒體

以電腦為基礎的教學媒體，指的是電腦輔助教學活動的實施，電腦輔助教學意義在於將一些經過專業設計的教材存入電腦系統，學生可以經由終端機按一定的步驟，以自己的進度或需要將某一課程內容「叫出」，進行一連串的自我學習。以電腦為基礎的媒體類型如下：

1. 電腦輔助教學媒體。

2. 多媒體。

3. 光碟。

四、教學材料怎麼規劃

教學材料的規劃，考驗教師的教學專業能力。在教學設計階段，教師要依據課程與教學的主要目標，分析單元教學目標與行為目標的內涵，並且依據目標的內涵，將現有的教材與教師自行研發的教材，做教學實施上

的規劃和運用。一般教學材料的規劃要領，應該要考慮下列幾個重要的因素：

(一)依據單元目標與行為目標規劃教學材料

教學材料的規劃要領，首先要考慮該單元的教學目標與單元涉及的行為目標，規劃教學材料，以方便教師在教學過程中透過教學材料的運用，而達到預期的教學目標。

(二)依據學校現有的資源規劃教學材料

教學材料的規劃，要考慮學校現有的設備和資源，如果貴重的材料而形成學校在經費上的負擔，教師可以考慮請學校在學年開始時，納入學校預算中，以逐年購買的方式，進行教學材料的添購。

(三)依據教具室有的教具規劃教學材料

教學活動的進行，要考慮每一間教室中現有的設備，透過教室中有的教具，規劃教學材料，可以減少教師在教學準備上的負擔，同時可以讓教師可以無後顧之憂，進行單元教學活動。

(四)依據教師教學實際需要規劃教學材料

每一位教師在教學上的需要，依據教學風格與教學經驗的不同，而有不同的需求。例如教學經驗豐富的教師，在教材上的使用可能比新手教師在教材的需求上較低。因此，教師可以依據自己的教學風格，規劃實用的教學材料。

(五)依據班級教室現有的設備規劃教學材料

教學材料的規劃，必須考慮教室現有的設備，以及在教材提供上是否有問題。如果教學活動的進行離專科教室比較遠，或者大規模的學校中，教師應該要依據班級現有的設備，做教學材料上的規劃。或者，同學年的教師，可以透過資源的整合，以聯合規劃的方式，進行教學材料的規劃，以達到相互支援教學的效果。

(六)建立教學材料資料庫以利教學上的應用

教學材料數位化時代來臨，教師在運用教學材料時，要考慮學年教學上的需要，將各種教學材料的彙整，配合資訊科技做整理和建檔工作，有助於教師進行教學設計時，隨時可以提出、儲存各種教學材料。

教學材料的規劃和運用，對於教學目標的達成，具有相當關鍵性的影響。教師要利用教學前的時間，將各種學科教材做整理，依據學科單元的性質和需要，做教學材料的整理，方便在教學中使用並提高教學效果。

五、教學情境要怎麼布置

教學情境的布置有助於提升學生的學習動機和學習興趣，同時也可以提高教學的效果，減輕教師教學實施的負擔。教學情境如果可以適當的安排，對於教師的教學和學生的學習，具有正面積極的意義。在教學情境的安排方面，下列幾個原則，提供教師在安排教學情境時參考（林進材，2010；羅鴻祥，1976）：

(一)保持自然的狀況

教學情境的布置，儘量以保持自然為原則，避免因為教學上的需要，破壞各種原有的自然情境。例如，自然觀察的單元課程，東西在哪裡，教師就帶學生到哪裡觀察。避免將各種自然界的生物帶到教室進行教學上的觀察。教學場所不可限定在教室中，教學場所也可以轉移到戶外或到自然情境中。如果將各種自然情境搬移，容易破壞原有的情境，影響教學效果。

(二)以簡單為原則

教學情境的布置，儘量以簡單為原則，避免將各種教學情境弄得過於複雜，影響教師的教學負擔。在布置教學情境時，布置得過於複雜，一來增加教師在準備教學上的時間負擔，同時容易讓學生在學習過程中分心，無法集中學習注意力。在布置教學情境時，應該將和教學無關的情境移

除，增加與教學有關的教學情境布置。

(三)配合單元教學目標

　　教學情境的布置，以配合單元教學目標為首要的原則。因為教學情境的布置，主要目的在於幫助教師達到單元教學目標。因此，教師要先瞭解單元教學目標是哪些，針對單元教學目標進行教學情境的布置。其他與教學情境無關的布置，不僅影響教學活動的進行，同時容易讓學生分散注意力，干擾教學活動的進行。

(四)注意教具呈現的時間

　　在教學情境的布置中，教具扮演重要的角色。教具主要的功用，在於強化教師對於概念的講解，加深學生的學習印象。教具呈現的時間，應該依據教學活動的實施，決定教具呈現的先後順序。

(五)以生活用具取代教學專業用具

　　教學專業用具的選擇上，教師應該儘量採用生活中的各種用具，有助於加深學生的學習印象，同時增進學習上的生活經驗，引導學生將所學習的事務和生活經驗做緊密的結合。其次，可以克服學校經費上的負擔問題。教學結束之後，學生可以在家裡自行運用生活上的各種用具，進行課程上的複習。

(六)學生座位安排以分組討論為原則

　　學生座位的安排，應該要以「彼此可以看到對方」為原則，可避免各種學習上的意外事件發生。以分組討論為座位安排的依據，可以提供學生進行分組討論的空間，增加學生觀察、操作的機會，在進行各種教學活動時，學生可以相互討論。

(七)情境布置以分工為原則

　　教學情境的布置，宜由教師和學生以分工方式進行教學準備工作，一來減輕教師在教學準備上的負擔，此外可以加強學生的學習印象，強化學習上的效果。教師可以在教學前，將各種教學情境所需，請學生分組進行

準備，蒐集各種有助於教學活動進行的資料，將教學資源進行系統性的分類，以便在教學進行時可以隨時運用。

(八)教學情境布置要靈活

教學情境的布置，由於單元目標上的需要，必須蒐集各種教學資源，並且作系統上的分類整理。因此，教學情境的布置要以靈活為原則，可以提供教師在教學進行時隨時靈活運用。過於複雜的教學情境，對教學活動的進行可能形成阻礙，降低學生的學習效果。不同單元教學情境的布置，應該要考慮相通性與相互運用的原則，尤其是教學上的相輔相成作用。

(九)情境布置要配合教室布置

中小學教室大部分會依據教學上的需要，進行教室布置工作。教室布置的主要用意，在於提供學生適當的學習氣氛，讓教師教學活動的進行順暢。因此，教學情境的布置，要配合教室布置。在教室布置中，提供單元學習布置，可以隨時提供學習上的情境，也可以提供學生複習的情境。

(十)師生共同布置教學情境

教學情境的布置，是一件需要花時間和精神的工作。教室教學單元的布置，需要依據不同學科單元，隨時進行調整和更新的工作。因此，需要教師做長期的規劃，請學生依據不同教學單元，進行各種內容的抽換更新。唯有透過教師與學生分工的方式，才能提供教室教學上的需要。

教學情境的布置和安排，影響教師教學成效和學生的學習成果。教師應該在學年（或學期）開始時，教學準備階段做長期的規劃，配合各種學科單元教學上的需要，規劃教學情境的更新計畫，以師生分工的方式，隨時更新教學情境，提供學生隨時隨處的學習機會。

第七章 教學評量標準要怎麼定

教學評量是教學歷程中，最後的一個階段，透過教學評量的實施，提供教師教學目標達成的情形以及學生學習進步方面的訊息，<u>讓教師做為是否補救教學的依據</u>，或是在形成新教學計畫時的參考。本章的重點在於論述教學評量的標準要怎麼定的議題，在內容方面包括測驗與評量的重要性、教學評量的類型有哪些、教學評量的方法有哪些、知識方面的評量方法、技能方面的評量方法、情意方面的評量方法，做為教師撰寫教學計畫時，在教學評量方法與標準決定的參考。

一、測驗與評量的重要性

教育測驗與評量運用在教學活動實施過程中，主要在於協助教師瞭解學生在學習方面的變化情形，同時引導教師反省教學活動的實施情形，做為改進教學的參考，並據而形成新的教學計畫（林進材，2006B）。在教學計畫階段中，將教學評量納入教案中，有助於反省教學活動與提升學習效能的功能。

(一)學校對教學評量的觀點

學校對教學評量的觀點，往往停留在傳統的想法中，認為評量代表著學生在學習方面的付出與參與，如果學生的評量表現不佳，就象徵著學生

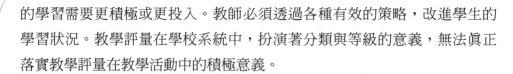

的學習需要更積極或更投入。教師必須透過各種有效的策略，改進學生的學習狀況。教學評量在學校系統中，扮演著分類與等級的意義，無法真正落實教學評量在教學活動中的積極意義。

(二)學生對教學評量的觀點

教學評量對學生的學習，是一種必經的歷程。教學評量對學生而言，充其量為完成作業、寫報告、參與課堂討論、寫測驗卷、完成教師理想的答案等。在教學歷程中，不僅教師對教學評量充滿期待，家長對學生的評量成績，也充滿高度期望。

(三)家長對教學評量的觀點

家長對教學評量的觀點與期望，往往來自於現實社會的瞭解。因為家長在社會上工作，瞭解社會運作的機制以及整體社會如何透過各種形式掌控勞動階級，因此家長對子女在學校接受測驗的種種，比學生對自己的測驗結果更為關心。如果子女在學校測驗的結果不理想的話，家長就會馬上和子女未來在社會上的工作和酬勞，做緊密的聯想（林進材，2006B）。有鑑於此，家長對學校的教學評量是充滿期待、充滿各種教育想像的。

(四)教學評量的幾個議題

教學評量在教學歷程中的實施，涉及教師對教學評量的觀點，以及成績評定之後對學生學習動機的影響。在教學設計中的教案撰寫，教學評量必須依據單元教學目標而擬定方法和標準，以確保教學品質的提升。有關教學評量的學理議題和延伸的問題，說明分析如下：

1.對學生考試與等第的功效

學生在學校生活中，對於考試和等第制度，大部分都充滿某種程度的恐懼。由於各界對學校考試的期望以及各種心理，導致學校的考試或評量無法發揮真正的效能。教師在班級教學中，對於學生的考試與等第方面的實施，儘量以不影響學生的學習態度情形下，進行教學評量活動。

2.分數方面的研究

一般教師對於學生考試分數的重視程度，超過對教學效果的重視。因此，在實施教學評量時，教師應該掌握教學評量本身三大功能，做為改進教學的參考。教師在教學中，宜運用分數做為強化學生的學習活動，將分數運用在正增強上面，做為改進教學的參考。

3.分數對學習的影響

相關研究指出，分數對學生學習的影響是相當深遠的，如果讓學生瞭解從事各種活動之後，教師會在分數上面獎勵學生的話，學生將會願意花更多的時間在學習活動上面，學生也願意花更多心力在學習歷程中。因此，教師應該善用分數對學習的影響效果，改進教學活動的實施。

4.考試的功效

考試對於教師教學活動而言，具有檢討教學與反省教學之效；對學生的學習而言，主要在於改進學習方法與學習投入。教師在教學設計階段，應該儘量將考試與教學評量做專業的結合，降低學生對考試的恐懼感，提升教學評量的功能。

5.教師的主觀偏見

教師在運用考試教學歷程中，往往因為各種主觀上的偏見而影響教學評量本身的定位，例如教學評量應該要以學生會的概念為主要的測驗項目，不應該過於偏重教師的教學概念，或是教師自以為重要的概念做為評量的重點。教師應該以不同的標準和形式評斷學生的作業，做為評定學生學習變化的參考。如果一味地以考試做為評量的基準，容易忽略學生在各方面的潛在特質，或忽略學生的學習參與（林進材，2006）。

二、教學評量的類型有哪些

教學評量是教學的最後階段，透過教學評量的實施，可以讓教師瞭解教學成效與學習成效，並決定是否更新教學行為，或是修正教學行為。近年來，由於教育發展與教育革新上的要求，傳統的學校評量受到相當程

度的批評，因此多元評量與多類型的評量，成爲教師教學評量最常用的方式。本文針對教學評量的類型，提出幾項最常見的評量，提供教師教學設計與教案撰寫的參考（郭生玉，1987；余民寧，2003；李坤崇，2003；林進材，2006）。

(一)認知測驗與情意測驗

認知測驗的主要功能在於瞭解個體在心理方面的能力和潛能，例如智力測驗、性向測驗、成就測驗。

情意測驗主要目的在瞭解個體的人格方面，包括態度、動機、興趣、價值觀、自我觀念、人際關係、人格特質等。

(二)文字測驗與非文字測驗

文字測驗主要是以文字爲測驗的主要材料，<u>透過各種測驗指導說明運用語言</u>，受試者可以運用語言或非語言回答測驗，例如學校的段考、期中考、期末考等。

非文字測驗是以非文字爲測驗的材料，例如，運用圖片、物體、方塊、速度、迷宮、拼圖、儀器等做爲測驗的主要內容。學校的口試、實際操作、音樂演奏、打字、球賽等都是屬於非文字測驗的形式。

(三)個別測驗與團體測驗

個別測驗是同一種在同時間內，只能實施於一個人的測驗。例如，國內各種有名的智力測驗、比西量表、中華智力量表等，都是屬於個別行爲的測驗。

團體測驗是一種可以在同一時間，同時實施於多數人的測驗，如瑞文式智力測驗，就是屬於團體測驗的一種。

(四)標準化測驗與非標準化測驗

標準化測驗是由測驗專家依據所要測驗的個人特質，經由特定的編製程序而編成的一種測驗。標準化測驗的題目內容都是經過分析選擇而來，測驗的內容編製、測驗實施、計分和解釋都有固定的程序可以依循。例

如，智力測驗、性向測驗都是屬於標準化測驗。

非標準化測驗通常是由教師以非正式的方式，依據教學實際需要而自編的測驗。例如，學校的定期評量就是屬於非標準化測驗。

(五)客觀測驗與主觀測驗

客觀測驗是指測驗的實施有固定而客觀的評分標準，不管是由誰來實施測驗或評分，所得的結果都是一樣的。教師自己所編製的各類型測驗，如標準化成就測驗、學習測驗等是屬於標準的客觀測驗。

主觀測驗的評分比較具有主觀性，因此由不同的評分者進行測驗評分，所得的結果會有所不同，在同樣的情境之下實施測驗的評分結果也可能產生不同的情形。例如學校舉辦的學位論文口試、論文測驗、作文測驗、投射測驗等，都是屬於主觀測驗。

(六)速度測驗與難度測驗

速度測驗主要目的在於測驗個體對各種反應的速度快慢，在有限的時間內，測驗反應速度的情形。速度測驗在內容方面不會很難，不過實施測驗時對時間的控制是相當嚴格的，因此很少有人可以完成所有的題目。

難度測驗的主要目的在於瞭解學生在解決問題方面的能力表現情形，測驗的實施通常不會有時間上的限制，施測者會留充裕的時間讓學生完成測驗題目。

(七)最大表現測驗與典型表現測驗

最大表現測驗的目的在於瞭解受試者的最大表現，亦即學者在某種能力上究竟能夠表現得多好。例如，成就測驗與性向測驗就是屬於最大表現測驗。

典型表現測驗的目的在於瞭解受試者的典型行為，瞭解受試者將會有哪些行為反應。因此，典型表現評量的目的不在於瞭解受試者可以獲得多少分數，而在於理解受試者的代表性反應。典型表現測驗包括興趣量表、人格態度量表、學習應用量表、發展量表等。

(八) 預備測驗與診斷測驗

預備測驗的實施通常在於瞭解學生學習之前，是否已經具備各種基本的知識、經驗或技能，或是各種背景，提供教師做為教學活動擬定的參考，以及教學活動實施的依據。例如，英文能力測驗、教學預備測驗、語言預備測驗等。

診斷測驗是教師在教學實施過程中，隨時用來瞭解學生的學習狀況，診斷學生學習困難之處，做為教師調整教學計畫的參考，或是進行補救教學的依據。診斷測驗的特性在於運用測驗內容逐題分析學生的學習反應，深入瞭解學生的學習狀況。

(九)常模參照測驗與標準參照測驗

常模參照測驗是以學習者的表現，在同一評量上與其他學習者行為表現的關係做為詮釋的參照點。例如，班級名次、國中基測成績、大學學力測驗等。

標準參照測驗強調學生是否達到精熟學習者，如考汽機車駕照時的測驗，一般需要達到 80 分才及格，就是屬於標準參照測驗的類型之一。

(十)形成性測驗與總結性測驗

形成性測驗是教師在教學進行中，隨時依據教學實際上的需要而進行的測驗，用來瞭解學生學習進步情形，形成測驗的目的不在瞭解學生的學習變化情形，也不是瞭解學生的學習成就，主要功能在於瞭解學生的學習情形，提供教師做為教學活動進行的參考。例如，教師的隨堂測驗。

總結性測驗的實施是教師進行到某一個階段時，課程或單元即將結束，所進行的測驗。透過總結性測驗的實施，教師可以瞭解學生在學習方面的變化情形，例如，期中測驗與期末測驗，都是屬於總結性測驗。

三、教學評量的原則有哪些

教學評量的運用，關係到下一個單元教學的規劃與設計，同時也提供

教師在進行教學時的參考。因此，教學評量標準與方法的決定，必須依據教學目標與單元教學目標的規準，做適當的運用。一般教學評量的原則，說明如下（林進材，2006）：

(一)依據教學目標進行評量

教學評量的目的在瞭解教學目標的達成情形，因此在實施教學評量時，應該針對所有的教學目標，進行評量工作。一般教學目標分成認知、情意與技能目標，教學評量的實施應該要針對認知、情意、技能進行評量，不可以有所偏廢。學校傳統的教學評量，偏向於認知方面的測驗，使學生成為考試的記憶機器。

(二)教學評量應該涵蓋所有的認知領域

教學評量在內容方面應該涵蓋所有的認知領域，包括認知、理解、應用、分析、綜合、評鑑等方面的目標。尤其在各單元的教學中所包含的基本能力等，都應該要納入測驗的內容中。教學評量如果未能涵蓋所有的認知領域，則無法提供教師更完整的學習情形資料。

(三)運用適當的教學評量類型

教學評量在內容方面應該包括各種類型的測驗，教師在設計教學評量時，在題目的擬定方面，除了考慮結合教學目標外，也應該運用各種適合獨特目標的類型，做為教師瞭解教學活動實施情形的資料。如果教學評量在題型設計方面無法結合教學或單元內容，就無法收到教學評量的預期目標。

(四)透過測驗而促進學習

教師應該運用各種教學評量強化學生的學習效果。高效能的教師能夠使教學評量計畫和教學活動的實施合為一體，並且透過記憶評量的實施成效來強化學生的學習活動。此外，教學評量的實施應該可以提供學生在學習方面的動力，讓學生透過教學評量的實施，瞭解自己在學習方面的優缺點，做為改進學習活動的參考。

(五)評量應該具信度與效度

　　教學評量內容的擬定與編製，應該要運用測驗的規準，以降低學生對題意的猜測，因此在測驗題意方面必須具備具體明確的特性。教師在教學評量計畫的擬定方面，應該要結合學校教育目標，確保教學評量本身的公平性與正確性。此外，教師也要教導學生各種考試時必須具備的技巧。教師在教學評量結束之後，應該正確解讀學生在教學評量中的各種表現，以及在教學評量中的具體意義。在判斷學生的各項能力時，應該參考各種與教育測驗有關的訊息，以提升教學評量的功能，從而改進教學與學習活動。

第八章 寫教案要遵守哪些規範

寫教案是教學設計重要的一環,教案是將教學設計與構想付諸文字的方式。因此,在撰寫教案時,應將教學的相關因素納入教案撰寫格式中。在撰寫教案時,除了要考慮一般的教學因素之外,也要遵守一般撰寫教案的規範,才能透過教案的落實,提高教學效能與學習品質。本章內容在於分析寫教案的規範、教案的標記、教案常用的符號、寫教案常見的問題、教案設計的總檢查等議題,提供教師在撰寫教案時的參考。

一、寫教案要有哪些規範

寫教案定規範的用意,不在於想要統一教案的格式,或是整合教案撰寫的相關規範,而是提供教師在撰寫教案時,可以依循的標準或參考的模式,希望在撰寫教案時可以參考一般的規範,使教案可以發揮專業上的功能。

一般寫教案需要遵守的規範,列舉如下:

(一)格式方面的規範

教案的格式,依據不同學科而有不同的要求。近年來,由於教案逐漸簡化的關係,在格式方面已經慢慢修改,只要教師教學上應用方便即可。一般的教案格式分成直式與橫式兩種,方式的選擇依據學科教科書印刷的

方式而定。例如,語文科教科書大都採用直式印刷,因此教案格式採用直式以配合教科書的形式;數學、自然、英文等科目的教科書採用橫式印刷,因此教案格式採用橫式撰寫,以配合科目上的需要。

(二)內容方面的規範

一般專業的教案,在內容方面至少應該包括單元名稱與科目訊息、課程與教學研究、學生的學習經驗、引起動機、教學方法、教學目標、教學活動與流程、教學資源的運用、教學時間的管理、教學評量方法與標準等項目。這些項目提供教師對於學科單元的瞭解,教學活動可以循著固定的方向進行,以達到預期的教學目標。此外,教師可以透過教案內容的瞭解,隨時在教學中依據實際需要,修改(或調整)教學活動的實施。

(三)符號方面的規範

為了提供專業人員瞭解教學設計中的教學構想、教學規劃等相關訊息,因此在符號的運用方面,必須採用大家認同的符號,才能使教案發揮預期的功能。在教案流程圖中常用的符號,包括輸入輸出、處理、作用線、無關交線、連接線、評註、判斷、轉捩、鑑定、說明、註釋、連接、開始終結(參見圖 8-1 說明)。

教案設計因為格式演變的關係,因此符號已經不常用,教學者可以依據教案設計實際上的需要,選擇符號的使用。

(四)文字方面的規範

撰寫教案時,在文字方面有幾項約定俗成的規範。例如,在稱呼方面,「老師」應該以「教師」表示;「學習者」應該以「學生」表示。在行為目標的表達方面,應該以具體明確的行為表示之;在教學流程方面,應該以教師的教學活動名稱表示,避免寫教師講什麼?學生回答什麼?在教學評量方面,應該針對教學目標的內容,決定教學評量的標準和方法。

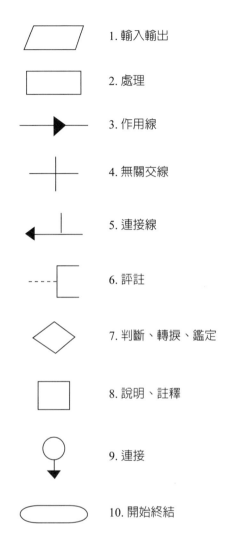

1. 輸入輸出

2. 處理

3. 作用線

4. 無關交線

5. 連接線

6. 評註

7. 判斷、轉捩、鑑定

8. 說明、註釋

9. 連接

10. 開始終結

◢圖8-1　教案設計常用的符號（羅鴻祥，1971）

(五)運用方面的規範

　　教案主要功用在提供教師教學實施的參考，而不是規定教師一定要
將教案視為聖經，不斷的照本宣科，或是不斷地複製教案的內容。教案僅
提供教學活動實施的參考架構，或教學實施的依循。教師應該依據實際上

的需要，以及教學現場的需求，隨時調整教案的內容，以形成新的教學計畫。

新手教師由於教學經驗尚待加強，因此在教學前應該瞭解單元教學目標、教學對象、教學活動內容等，撰寫詳細清楚的教案，做為未來教學的依據和參考；經驗教師（或專家教師）由於累積多年的教學經驗，可以在教學現場依據實際的需要，靈活轉換或變化各種教學活動，因此不必拘泥於形式固定的教案中，可以靈活變化各種教案，轉化教案中的各種構思，達到預期的教學目標。

二、寫教案常見的問題

寫教案是教師教學邁向專業化的重要步驟，在教案撰寫時要能掌握教案的內容，以及教學實施相關因素的掌握。缺乏經驗的教師，在撰寫教案時常因為各種迷思，導致寫教案時容易犯各種錯誤而不自知。通常寫教案容易因為疏失而導致下列的問題：

(一)教學研究方面

教學研究在教案中扮演承接理論與教學實際的角色，從教學研究中提供教師單元教學的訊息，進而針對教學與學習活動所需，設計教學活動。撰寫教案時，在教學研究資料上，通常會參考教科書出版商提供的教師手冊（或教學指引），進而將教學研究納入教案中。在教學研究方面，常見的問題如下：

1.忽略學生的學習問題

教案中的教學研究，一般僅提供教學方面的訊息，如提供教材分析與教學準備，而忽略學生的學習經驗。因此，在教學活動設計時，對於學生的學習經驗與學習能力，無法適時地納入教學活動中。

➤正例：國小五年級上學期數學領域教學設計

教學研究

一、教材分析

　　1.察覺鉛垂線和水平線互相垂直。

　　2.察覺兩鉛垂線及兩水平線互相平行。

二、學生經驗分析

　　1.能夠認識直角。

　　2.可以知道直角的特色——相互垂直。

三、教學準備（教材）

　　1.教師：情境圖、圖卡、課本、三角板。

　　2.學生：色紙、課本、習作、筆、三角板。

➤反例：國小三年級上學期數學領域教學設計

教學研究

一、教材分析

　　讓學生熟練：(1)三位數的加法直式計算；(2)四位數的加法直式計算；(3)三個數的連加；(4)三位數的加法估算。

二、教學準備

　　1.教師：情境圖、數字卡。

　　2.學生：小白板、白板筆。

2.忽略教學研究的角色

　　教學研究的主要用意，在於進行教材分析、學生學習經驗分析與教學準備，讓教師瞭解本單元教學與學生學習舊經驗，如何進行有效的銜接。教學研究在教案中常被教師忽略，而無法提供適時的訊息。

3.缺乏銜接上的意義

　　教學研究對於單元教學與單元教學具有銜接上的意義。教師可以透過教學研究，瞭解單元教學有哪些概念是需要加強的，哪些概念是可以略過的。缺乏教學研究的銜接，容易導致教學單元無法相互聯繫，概念的學習無法上下連貫的情形。

4.過於簡化教學研究項目

　　教學研究項目過於簡化，無法提供完整的教學概念，導致教師無法從教學研究中瞭解單元教學和課程大綱的相互連接關係，導致單元教學孤立的情形。

5.未將教學研究納入教學流程

　　教學研究的最後一個問題，在於教師進行教案撰寫時，僅將教學研究放在教案項目中，忽略將教學研究與教學流程相互配合。例如，教學研究項目指出，本單元需要用觀察教學法，而教學設計卻採用啟發式教學法，導致前後無法相互連接的情形發生。

(二)單元目標方面

　　在撰寫單元目標時，雖然教師可以參考教師手冊或教學指引，做為單元目標的撰寫依據。然而，一般的單元教案設計，教師應該針對實際教學的需要，做單元目標上的適當調整。如果前一單元的教學有落後的情形，則應該將單元教學落後的項目納入本單元教案中。在單元目標的撰寫上，容易出現下列問題：

1.單元目標模糊不清

　　單元目標重點在於敘述該單元所要達成的課程與教學目標，透過單元目標的撰寫，提供教師在單元教學中的引導，做為教學實施的依據。撰寫教案時，常常因為單元目標不清楚，導致教學活動的實施無法達成預期的目標。

2.單元目標未包含認知、情意、技能

　　單元目標應該要包括認知、情意、技能等領域的目標，並透過行為目

標的呈現，讓單元教學可以達到認知、情意、技能方面的預期目標。教案中的單元目標，不可以過於偏向認知領域目標或技能領域目標。

3.單元目標與行為目標重疊

單元目標的範圍通常是比較廣泛的、整體性的教學目標，行為目標的範圍是以個體具體的行為達成為目標。

☞表8-1　單元目標與行為目標的關係

單元教學目標	具體行為目標
1.能認識莫札特的音樂創作。 2.能瞭解圖像詩的趣味。 3.能思考課文內容，並合理的歸納重點，表達意見。	1-1 能瞭解莫札特的生平。 1-2 能說出莫札特的音樂作品。 2-1 能說出圖像詩給人的感受。 3-1 能瞭解文章表達的意涵，以及歸納課文內容重點。 3-2 能學習如何清晰的表達自我意見。 3-3 能以正確的筆順寫出生字。
4.能嘗試用轉化技巧來形容音樂。	4-1 能以想像力描述音樂給你的感受。
5.能欣賞莫札特的各種音樂創作。 6.能廣泛閱讀課外讀物以及養成閱讀的良好習慣。	5-1 能嘗試說出聽過莫札特音樂後的感受。 6-1 能學習廣泛閱讀課外讀物。

4.單元目標過於繁瑣

單元目標的撰寫以簡單扼要為原則，避免過於繁瑣，導致教師無法透過教案的單元目標，瞭解單元教學的重點，以及教學和學習所要達成的目標。

(三)行為目標方面

在教案中行為目標的撰寫，應該以單元目標為主，參考教學指引與教師手冊中，有關行為目標方面的敘述。教師可以依據實際的需要選擇該單元所要的行為目標，不可以照單全收。此外，行為目標的撰寫應該以一個行為目標一個具體的行為敘述為原則，避免一個行為目標中囊括多個具體可測量的行為。

(四)引起動機方面

引起動機是教學活動的暖身運動，教師應該針對單元目標與單元教學重點，選擇可以激發學生學習興趣的活動，或是激發學生學習好奇心的活動，做為引起動機與點燃學習熱情之用。一般引起動機，在時間的需求上以 3～5 分鐘為準，不可超過 5 分鐘的時間，以免搶走教學的風采。

(五)教學流程方面

教學流程的規劃設計，應該以教學目標為準，避免在教案中將教學流程設計得過於複雜，教師必須花過多的時間在教學流程的熟悉上。完善的教學流程，只要可以適時提醒教師教學步驟即可，不必過於複雜。此外，教學流程中的文字，應該以教師教學活動的名稱為主，而不是寫「教師要講什麼話？」、「學生要回答什麼話？」。

(六)教學時間方面

教學時間的規劃與掌握，影響單元教學目標達成的情形。一般國小一節課的教學以 40 分鐘為原則，國中、高中一節課以 45 分鐘為主，大學一節課以 50 分鐘為主。在教學時間的規劃方面，應該要遵守時間運用的原則，例如引起動機以 3～5 分鐘為主，每一個概念的教學以 5 分鐘為原則，不可以超過 5 分鐘，教學結束前 5 分鐘就應該要進行教學綜合活動。

(七)教學資源方面

好的教學活動不必過度依賴教學資源的運用，但教學資源的運用對單元教學而言，是相當重要的環節。教師在教學資源的規劃上，往往過於依賴教學資源，或是設計過多教學資源，進而影響教學效果，導致學習重點在於教學資源，而忽略重要的概念學習與知識學習。

(八)教學評量方面

教學評量的主要目的有三：(1)確定教學目標的達成情形；(2)瞭解學生的進步情形；(3)做為是否補救教學的參考。在教案中的教學評量，通常包括教學評量方法與教學評量標準。在教學評量標準的研擬上，缺乏經驗的

教師經常忽略教學評量標準應該與教學目標相結合的原則。教案中的教學評量標準，應該要依據概念教學目標而定。

三、教案設計的總檢查

教案撰寫完成後，應該要針對教案的內容、規範、標準、實施等要素，進行教案的總檢查。一般而言，教案設計的檢核項目與一般教學設計的檢核項目，是大同小異的。有關教案設計的檢核項目，綜合相關的文獻條列如下：

(一)單元名稱方面

1. 單元名稱的擬定是否適當？
2. 單元名稱和教科書、教師手冊、教學指引中的單元名稱是否可以相互契合？
3. 單元名稱在用字遣詞上面是否可以讓學生瞭解？
4. 單元名稱是否有助於提高學生的學習興趣？
5. 單元名稱是否能囊括所有的單元內容？

(二)單元教學方面

6. 單元的教學時期和學習內容可以相互配合嗎？
7. 單元教學和氣候可以配合嗎？（例如臺灣教下雪的概念）
8. 單元教學和地區可以配合嗎？（例如平地教高山的農作物）
9. 單元教學和天氣可以配合嗎？（例如冬天教梅雨季節）
10. 單元教學所需要的時數夠嗎？
11. 單元教學所分配的節數夠嗎？

(三)單元學習方面

12. 單元學習是否適合學生的身心發展？
13. 單元學習是否考慮學生的身心成熟度？
14. 單元學習是否考慮學生的舊有經驗？

15. 單元學習是否具備足夠的經驗？

16. 單元學習是否考慮學生的能力？

17. 單元學習是否顧及學生的起點行為？

18. 單元學習是否引起學生的興趣？

(四)單元目標方面

19. 單元目標是否合乎各種原則？

20. 單元目標是否包括認知層面的目標？

21. 單元目標是否包括情意層面的目標？

22. 單元目標是否包括技能層面的目標？

23. 行為目標是否合乎單元目標的檢查標準？

(五)教學資源方面

24. 選擇的教學場所是否適合？

25. 教具的選擇是否適當？

26. 教學資源的運用是否適當？

27. 教材內容的分類是否適當？

28. 教材內容編排是否合乎系統化原則？

(六)教學活動方面

29. 所選用的活動方式（全班、分組、個別）是否適當？

30. 主要教學方法的選擇適當嗎？

31. 教學活動流程的銜接順暢嗎？

32. 教學活動的選擇分活動一、活動二，有此必要嗎？

33. 教學活動有無注意引起動機？

34. 所引起的學習動機是否與學習單元相互配合？

35. 目標、情境、活動、評量是否相互連結？

36. 教學時每一分項活動時間是否夠用？

37. 教學相關活動規劃運用會不會有趕進度的情形？

(七)教學評量方面

38. 教學評量方式的選擇適合嗎？

39. 教學評量標準與行為目標是否相符合？

40. 每個行為目標的評量，成績比率會不會偏低？

41. 教學後是否發現有需要補救教學的學生？

42. 教學後是否教學概念需要重新修正？

43. 您認為教學設計完善可行嗎？

(八)其他項目。

第九章 教案的格式與案例

一、國小五年級上學期語文領域國語科教學教案設計

(一)類型：完整的單元設計。

(二)特色：

1. 語文科六節課的完整設計。

2. 囊括各種教學的相關因素。

☺ 第十三課　筆記四則　教學設計

單元名稱	第十三課筆記四則	指導教授	林進材教授
版本	康軒版　五上（第九冊）	設計者	石舫如
適用年級	國小五年級上學期	配合領域單元	語文學習領域 第四單元──與作家有約
教學時間	240分（共6節）每節40分鐘	教學重點	透過本課，讓學生感受作者在筆記中所傳達的訊息，並觀察周邊事物，練習新詩創作。
教材來源	康軒版，語文學習領域，第九冊（五上），第十三課〈筆記四則〉。		
融入議題	資訊教育、生涯教育與品德教育。		

教學方法	講述式、討論式教學與學生發表。		
教學資源	網路資源：蒙古地圖、圖片、席慕蓉相關資料和作品。		
情境布置	一、席慕蓉相關作品放置於教室提供學生閱讀。 二、蒙古地形與民俗文化等相關書籍放置於教室提供學生閱讀。 三、投影機播放席慕蓉相關影片。	教學準備	一、教師 　(一)本課教具袋。 　(二)蒙古地圖和圖片。 　(三)席慕蓉相關背景資料和作品。 二、學生 　(一)事先預習本課作者背景介紹及課文內容。 　(二)事先蒐集與作者席慕蓉有關的資料和作品。
教學資源	一、參考書目 　(一)席慕蓉（民 89）。《無怨的青春》。臺北市：圓神出版社。 　(二)席慕蓉（民 93）。《彩墨‧千山‧馬白水》。臺北市：雄獅美術。 　(三)席慕蓉（民 93）。《人間煙火》。臺北市：九歌出版社。 二、參考網站 　(一)席慕容官網（圓神出版社）。 　(二)當代文學史料知識庫──席慕蓉。 三、配合國語五上電子教科書。 四、本課教具袋。 五、康軒版／語文學習領域／第九冊（五上）／第十三課教學指引。		
教學重點	一、注音 1.運用注音符號輸入方式，查詢席慕蓉相關背景資料及作品。 2.注意讀音： 　「清冽」的「冽」讀作「ㄌㄧㄝˋ」。 3.運用注音符號，創作簡單的新詩。 4.認識本課多音字： 　‧屏：讀音有「ㄅㄧㄥˇ」和「ㄆㄧㄥˊ」。 　‧藉：讀音有「ㄐㄧㄝˋ」和「ㄐㄧˊ」。 　‧可配合習作第一大題。 二、聆聽 1.聆聽教學 CD。 2.聆聽老師提問的問題與同學回答的答案。 　可配合習作第六大題。 三、說話 1.朗讀課文，以抑、揚、頓、挫的語調讀出。 2.以清晰的語調回答老師提問的問題。		

四、識字與寫字
1. 正確的掌握筆畫和筆順。
2. 注意字形的正確：
　・列的左部首。
　・辨的中部首。
　・可配合習作第一和第二大題。
五、閱讀
1. 認識本課詞語、語句。
2. 認識形容詞短語、副詞短語。
3. 瞭解課文內容，認識作家席慕蓉與作家的相關作品。
4. 以「重點解說」的方式，引導學生摘取本課大意。
5. 主動擴大閱讀文學作品，理解作家取材與創作的特色。
　可配合習作第三、四、六大題。
六、寫作
1. 觀察周邊的景物、事物，從中擷取感想創作新詩。
2. 接寫句子「假如……」。

教材分析	

1. 文體：記敘文
2. 主旨：從生活中認真體會，可以產生許多富含哲理的想法。
3. 大意：
　・山茶花讓人感受生命的美麗。
　・堅信不移的信念讓人實現理想。
　・心裡有一面明鏡，讓人學會堅持。
　・記得保持寬諒喜悅的心，讓歲月留下美麗的容貌。
4. 生字：痕、鞍、潤、綻、愼、妄、崇、譏、勁、拒、列、辨。
5. 詞語：溫潤、綻放、愼重、妄想、崇敬、譏笑、不對勁、拒絕、清冽、
　冷酷、辨認。
7. 句型：假設問句：假如……。
　課文句型舉例：假如你知道自己這樣做並沒有錯的話，那麼，你就繼續
　的堅持下去，不要理會別人怎樣的譏笑你。
8. 修辭：轉化（擬人）、設問。
　(1)轉化（擬人）
　　課文修辭舉例：它們是那樣愼重和認眞的迎接著唯一的一次春天。
　(2)設問
　　課文修辭舉例：如果沒有理想，這世界將會是一種什麼樣的面貌呢？
9. 課文結構分析：
　筆記四則：
　(1)白色山茶花：開展話題——觀察山茶花綻放的情景；心中想法——山
　　茶花小心翼翼、循序漸進的開，絕不出錯，展現生命的美麗。
　(2)理想：開展話題——沒有理想的世界，會是什麼樣子？心中想法——
　　從劉俠及鄭豐喜的成功，可以知道成功不是得天獨厚，是因為對理想
　　堅信不移。
　(3)明鏡：開展話題——對自己的信念，是否可以堅信不移呢？心中想法
　　——每個人的心中都有面明鏡，時時注視著自己。

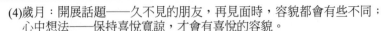

	(4)歲月：開展話題——久不見的朋友，再見面時，容貌都會有些不同； 　　　　心中想法——保持喜悅寬諒，才會有喜悅的容貌。 10. 學生先備經驗： 　　(1)詞語：查閱字典及基本閱讀之能力，且能試著造詞。 　　(2)句型：完成完整的句子之能力。 　　(3)寫作：有觀察周邊事物之能力。
指標與目標	**分段能力指標** A-3-1-1 能應用注音符號，分辨字詞的音義，增進閱讀理解。 B-3-1-5-2 能讓對方充分表達意見，再思考回應。 E-3-6 能靈活應用各類工具書及電腦網路，蒐集資訊，組織材料，廣泛閱 　　　讀。 F-3-1 能應用觀察的方法，並精確表達自己的見聞。 **單元目標** （認知） 1-1 聆聽本課的相關資料，並歸納聆聽要點。 1-2 瞭解課文中的生字、新詞意義，能分辨字義。 1-3 閱讀課文，並歸納課文內容大意。 1-4 能掌握散文的特性、寫作方式。 1-5 瞭解文中假設複句的用法。 1-6 能辨別相似的字形。 1-7 能瞭解蒙古的地理位置。 1-8 能培養對生命理想的堅持，時時檢視自己，並保持喜悅寬諒的心。 （情意） 2-1 能正確、流利且自然的發表。 2-2 說話用詞能正確，語意清晰，主題明確。 2-3 能發展仔細聆聽與歸納要點的能力，且能在閱讀課文後說出自己的感 　　想與心得。 2-4 能培養對生命理想的堅持，時時檢視自己，並保持喜悅寬諒的心。 （技能） 3-1 蒐集相關資料，有條理的說出席慕蓉的詩集。 3-2 能理解句型，並練習應用在實際寫作。 **具體目標** 1-1-1 能仔細聆聽「席慕蓉」的詩集。 1-2-1 能熟習本課生字、字詞之讀音及意義。 1-3-1 能說出課文大意。 1-4-1 能寫出一篇創意新詩。 1-5-1 用「假如……」造句。

	1-6-1 能辨別相似字形。 1-7-1 能瞭解蒙古的地理位置。 1-8-1 能培養對生命理想的堅持，時時檢視自己，並保持喜悅寬諒的心。 2-1-1 能尊重他人發言權利與意見。 2-2-1 上臺發表或舉手發言時，用字遣詞能正確，語意清晰，內容具體。 2-2-2 上臺發表或舉手發言時，能運用肢體語言，培養良好臺風。 2-3-1 能發展仔細聆聽教師講解，並能歸納段落大意與課文要點。 2-3-2 能歸納課文大意並以完整的語句說出自己的想法和感受。 3-1-1 能蒐集席慕蓉的詩集。 3-2-1 能利用本課所提的句型，將之運用於寫作練習中。	

教學活動流程

教學目標	教學活動流程	時間分配	指導要點及注意事項	教學資源	評量方式
	——第一節課開始—— （準備活動） 教師：本課教具袋、準備蒙古相關資料、作者背景資料。 學生：事先預習課文內容及作者介紹。 （發展活動）				
2-2-1 上臺發表或舉手發言時，用字遣詞能正確，語意清晰，內容具體。	一、引起動機 ·教師詢問學生預習的成果。 1. 同學在預習這課的時候，有看到或發現到了什麼？ 2. 有沒有哪邊是預習的時候，覺得比較有問題或是比較特別的地方？	3 分鐘	鼓勵學生回答		學生能聆聽老師的問題並發表自己的看法
1-7-1 能瞭解蒙古的地理位置。	二、作者介紹與主題解說 (一)教師介紹本課作者的背景。	10 分鐘	可播放作者相關的影片介紹	1.課文標題紙卡。 2.蒙古相關圖片。	學生能專心聆聽老師講述

	(二)教師延伸介紹蒙古地區的風俗文化與地理特色。 (三)教師介紹課文文體與主旨。				
2-3-1 能發展仔細聆聽教師講解，並能歸納段落大意與課文要點。 2-3-2 能歸納課文大意並以完整的語句說出自己的想法和感受。	三、講述大意 (一)以「重點理解」的方法，引導學生認識課文結構。 ・課文編排的方式，分成幾個部分？ (二)教師提出問題，引導學生從課文中摘取各段大意。 1.同學覺得第一段（白色山茶花）作者想要表達什麼？ 2.請學生說明作者的理想 3.那第三段（明鏡）是在說明什麼呢？ 4.同學可以發表自己閱讀第四段（歲月）後，覺得這一段的大意是什麼？ (三)教師引導學生歸納以上重點，說出大意： ・山茶花讓人感受生命的美麗。 ・堅信不移的信念讓人實現理想。 ・心裡有一面明鏡，讓人學會堅持。 ・記得保持寬諒喜悅的心，讓歲月留下美麗的容貌。	23 分鐘		1.段落大意紙卡。 2.提問問題紙卡。	學生能專心聆聽老師講述並回答老師的問題
1-3-1 能說出課文大意。	（綜合活動） 四、節末總結 (一)教師提問學生此節的課堂重點 1.本課作者是誰？作品有何特色？ 2.本課主旨為何？本課大意是什麼？	4 分鐘	生字本要發給學生	1.課文標題紙卡。 2.段落大意紙卡。 3.提問問題紙卡。	學生能正確回答老師提問的問題

	(二)教師分派下次需繳交的作業 ・查本課生字的部首、筆畫與造詞。 　—第一節課結束— 　—第二節課開始— （準備活動） 教師：本課教具袋、準備生字延伸成語學習單。 學生：完成生字部首、筆畫與造詞。 （發展活動）			
1-1-1 能仔細聆聽「席慕蓉」的詩集。	一、引起動機 (一)教師播放課文教學CD，讓學生聆聽一遍，並檢查學生作業完成情形。	3 分鐘		1. 教學CD。 2. CD Player。	學生能專心聆聽教學CD
1-2-1 能熟習本課生字、字詞之讀音及意義。	二、生字教學 (一)教師請學生上臺寫生字部首、筆畫與造詞，其他學生朗讀課文。 (二)生字詞語教學 1.痕跡：事物留下的跡象。 ・例句：沙灘上的足印被浪潮沖刷得一點痕跡都沒有。 ・痕：疒/6。 (1)名：比喻事物留下來的印跡。 　例：淚痕、苔痕。 (2)名：傷痕。 　例：傷痕、刀痕。 2.馬鞍：置放在馬背上的坐墊。兩端高起，中間低下，便於騎坐。 ・例句：這匹馬的馬鞍必須更換了。 ・鞍：革/6。 　名：置於牲畜背上的供人騎坐的特殊墊子。	24 分鐘	注意聽學生有無較不會念的字詞	1. 生字卡。 2. 字典。	學生能夠上臺完成生字部首、筆畫與造詞 學生能夠專心聆聽老師教學

例：馬鞍。

3. 溫潤：溫和柔潤。
・例句：這塊玉珮質地
細緻，呈現溫潤的光
澤。
・潤：水/12。
(1)形：潮濕、不枯燥。
例：濕潤。
(2)形：細膩光滑。
例：紅潤、圓潤。
(3)名：利益。
例：利潤。
(4)動：使潮濕、不枯乾。
例：潤喉。
(5)動：修飾。
例：潤色、潤飾。

4. 綻放：開放。
・例句：春天一到，山
上的杜鵑便綻放著嬌
豔的花朵。
・綻：糸/8。
(1)動：指花朵開放。
例：綻放。
(2)動：破裂、裂開。
例：皮開肉綻。

5. 慎重：謹慎認真不苟
且。
・例句：哥哥在經過慎
重的考量後，決定報
考軍校。
・慎：心/10。
(1)動：小心。
例：謹慎、謹言慎
行。
(2)副：切、千萬。
與「勿」、
「無」、「毋」
等連用，表示吩
咐告誡。
例：受恩慎勿忘。

6. 妄想：不切實際的幻
想。
・例句：他好吃懶做，
不求上進，卻總抱著
一夜致富的妄想。
・妄：女/3。

(1)副：胡亂、非分。
　　例：妄動、妄想。
(2)形：自大傲慢。
　　例：狂妄。
(3)形：荒誕不合事實的。
　　例：口出妄言。
7. 崇敬：尊敬。
・例句：他忘我無私的
　　奉獻精神，令眾人崇
　　敬。
・崇：山/8。
(1)動：尊敬、尊重。
　　例：尊崇、推崇。
(2)形：高峻的。
　　　例：崇高、崇山峻
　　　　嶺。
8. 譏笑：諷刺。
・例句：縱然必須面對
　　別人的譏笑與嘲弄，
　　他仍然勇往直前，追
　　求自己的理想。
・譏：言/12。
(1)動：諷刺、責備。
　　例：譏諷。
9. 不對勁：異於平常、
　　不妥當、奇怪。
・例句：他今天的模樣
　　好像有點不對勁，應
　　該要多多留意他。
・勁：力/7。
(1)形：堅強有力。
　　例：勁敵。
(2)形：剛健正直。
　　例：勁節。
(3)形：猛烈、強烈。
　　例：勁風。
(4)名：力氣。
　　例：使勁、費勁。
10.拒絕：拒退斷絕，不
　　接受。
・例句：爺爺對你的關
　　懷備至，你怎麼忍心
　　拒絕他呢？
・拒：手/5。
(1)動：不接受。

	例：拒絕、來者不拒。				
	(2)動：抵抗、抵禦。 例：抗拒、拒敵。				
	11.清冽：清澄而寒涼。 ·例句：夏天時將雙腳泡在清冽的溪水中，真讓人心情舒暢無比。 ·冽：冫/6。 (1)形：寒冷。 例：凜冽。				
	12.冷酷：對人冷漠、毫無感情。 ·例句：他的行事風格過於冷酷，因此常常招人非議。 ·酷：酉/7。 (1)形：殘忍、暴虐。 例：酷刑、殘酷。 (2)副：程度深的。相當於「甚」、「極」。 例：酷愛、酷熱。				
	13.辨認：分辨識別。 ·例句：警方找出多張嫌犯的照片，要求目擊證人辨認兇手。 ·辨：辛/9。 (1)動：分別、判別。 例：分辨、明辨是非。				
1-2-1 能熟習本課生字、字詞之讀音及意義。	三、字音字型辨析教學 教師將不同之處標示出來，詢問學生是否認識該生字？及相似的各種字形，並加以造詞。 (一)慎，填 1.慎ㄕㄣˋ：慎重、謹慎。 2.填ㄊㄧㄢˊ：填充、填補。 (二)妄，忘 1.妄ㄨㄤˋ：妄動、妄想。	10分鐘	注意學生是否能正確辨認不同之處	1.字典。 2.字音字形辨析紙卡。	教師提問，學生能正確回答問題。

	2.忘ㄨㄤˋ：遺忘、得意忘形。 (三)崇，祟 1.崇ㄔㄨㄥˊ：崇敬、崇高。 2.祟ㄙㄨㄟˋ：鬼鬼祟祟。 (四)譏，嘰，機，饑 1.譏ㄐㄧ：譏笑、譏諷。 2.嘰ㄐㄧ：嘰嘰喳喳。 3.機ㄐㄧ：機會、機智。 4.饑ㄐㄧ：饑荒。 (五)冽，咧，例 1.冽ㄌㄧㄝˋ：凜冽、清冽。 2.咧ㄌㄧㄝˇ：齜牙咧嘴。 3.例ㄌㄧˋ：慣例、範例。 (六)辨，辯，辮，辦，瓣 1.辨ㄅㄧㄢˋ：分辨、明辨是非。 2.辯ㄅㄧㄢˋ：爭辯、辯才無礙。 3.辮ㄅㄧㄢˋ：髮辮、辮子。 4.辦ㄅㄢˋ：辦理、興辦。 5.瓣ㄅㄢˋ：花瓣。 (七)詳，祥，洋 1.詳ㄒㄧㄤˊ：詳細、安詳。 2.祥ㄒㄧㄤˊ：吉祥、慈祥。 3.洋ㄧㄤˊ：海洋、洋溢。 (八)鴨，鴉 1.鴨ㄧㄚ：鴨子、鴨蛋。 2.鴉ㄧㄚ：烏鴉、塗鴉。 (九)歷，曆 1.歷ㄌㄧˋ：學歷、歷險。 2.曆ㄌㄧˋ：日曆、曆法。 (十)獨，燭，濁，鐲				

	1. 獨ㄉㄨˊ：獨奏、得天獨厚。 2. 燭ㄓㄨˊ：蠟燭、洞燭機先。 3. 濁ㄓㄨㄛˊ：混濁、汙濁。 4. 鐲ㄓㄨㄛˊ：鐲子、手鐲。 (十一)滄，蒼，艙 1. 滄ㄘㄤ：滄桑、滄海。 2. 蒼ㄘㄤ：蒼天、白髮蒼蒼。 3. 艙ㄘㄤ：船艙、機艙。 (十二)藉 1. ㄐㄧㄝˋ： 　(1)假借。 　　例：藉口、藉故。 　(2)依賴。 　　　例：憑藉、慰藉。 2. ㄐㄧˊ：形容凌亂不堪或毫無秩序、紀律。 　例：杯盤狼藉。				
1-2-1 能熟習本課生字、字詞之讀音及意義。 1-6-1 能辨別相似字形。	(綜合活動) 四、節末總結 (一)教師提問學生生字相關問題。 1.「崇敬」的「崇」是什麼部首？ 2.「清冽」的「冽」去掉部首後還有幾畫？ (二)教師分派下次須繳交的作業。 ・生字延伸成語學習單完成。 (三)教師將生字本收回來批改。 —第二節課結束— —第三節課開始— (準備活動) 教師：生字本完成批改、準備語句練習作業單、本課	3分鐘	注意學生此堂課的學習成果	1. 生字卡。 2. 字音字形辨析紙卡。 3. 生字延伸成語學習單。	老師提問，學生正確回答問題。

	教具袋。 學生：完成生字延伸成語學習單。				
2-1-1 能尊重他人發言權利與意見。	（發展活動） 一、引起動機 (一)教師詢問學生生字延伸成語學習單完成情形。 (二)教師提問生字延伸成語問題，學生舉手回答問題。	3分鐘	注意學生作業的完成情形	1.生字延伸成語學習單。	學生能回答老師的問題
2-2-2 上臺發表或舉手發言時，能運用肢體語言，培養良好臺風。	二、課文教學 　第一段（白色山茶花） (一)內容深究：教師或學生提出問題，師生再共同討論。 1.作者如何形容山茶花開放的情景？ 2.作者把山茶花比擬成什麼樣的人？用什麼樣的態度開花？ (二)形式深究 1.第一段：山茶花開花了。 2.第二段：山茶花慎重的開花，迎接唯一的一次春天。 3.第三段：作者每次經過開花的樹，都會感嘆生命的美麗。	23分鐘		1.段落大意紙卡。 2.課文內容示意圖。	學生能專心聆聽老師的教學並回答老師的問題
2-2-1 上臺發表或舉手發言時，用字遣詞能正確，語意清晰，內容具體。	三、語句練習 (一)短語練習 例：潔白又美麗的花。 ◎說明 　描寫景物同時具有的兩種特色。 ◎結構 　（形容詞）而又（形容詞）的（名詞） (二)造句練習 例：得天獨厚。 ◎說明 　形容人的天賦、社會條件，或是地方的自	10分鐘	詞性的解釋需要特別注意	1.句型卡。 2.修辭卡。	學生能舉手分享自己的答案

199

	然環境特別優越。 ◎引導 　教師請學生說一說哪些人有哪方面得天獨厚的特質。 (三)句型練習 例：假如 ◎說明 　假設複句，在一組句子中，前一句說明一種假設狀況，後一句說明在假設條件實現後出現的結果。 ◎引導 　教師先提出課文中的句子，提問：「句子裡的假設情況是什麼？會產生什麼結果？」請學生圈出假設句的關聯詞，以及顯示結果的關聯詞。				
2-2-1 上臺發表或舉手發言時，用字遣詞能正確，語意清晰，內容具體。 1-5-1 用「假如…」造句。	（綜合活動） 四、節末總結 (一)教師抽點學生回答問題。 1.本課第一段在說什麼？ 2.請用語句練習時教的「得天獨厚」或「假如」這兩個詞來造句。 (二)教師分派下次須繳交的作業。 ・語句練習作業單完成。 (三)教師將生字延伸成語學習單收回來批改。 (四)教師將生字本發還給學生。 　　—第三節課結束— 　　—第四節課開始—	4 分鐘	注意學生此堂課學習的成果	語句練習作業單	學生能夠正確回答老師的問題

	（準備活動） 教師：生字延伸成語學 　　　習單完成批改、 　　　本課教具袋。 學生：完成語句練習作 　　　業單。 （發展活動）				
2-1-1 能尊 重他人發言 權利與意 見。	一、引起動機 (一)教師詢問學生語句練 　　習作業單完成情形。 (二)教師提問語句練習作 　　業單的問題，學生舉 　　手回答問題。	3 分鐘	注意學 生作業 完成情 形	語句練習作 業單	學生能回 答老師的 問題
2-2-2 上臺 發表或舉手 發言時，能 運用肢體語 言，培養良 好臺風。 1-8-1 能培 養對生命理 想的堅持， 時時檢視自 己，並保持 喜悅寬諒的 心。	二、課文教學 　　第二段（理想） (一)內容深究：教師或學 　　生提出問題，師生再 　　共同討論。 1. 你認為作者「把世界 　　說得太理想化」是怎 　　樣的態度？她為什麼 　　會這樣看世界？ 2. 作者在「理想這一 　　段」，提到哪些例 　　子？你還知道哪些堅 　　持理想的例子？ 3. 你認為「成功」者成 　　功的因素會是什麼？ 　　為什麼？ (二)形式深究： 1. 第一段：作者把世界 　　說得太理想，但沒有 　　理想，世界會變成什 　　麼樣呢？ 2. 第二段：理想實現之 　　前，大家都認為不可 　　能。 3. 第三段：因為理想， 　　讓鄭豐喜、劉俠變成 　　著名學者、作家。 4. 第四段：有了理想， 　　才能堅信不移的努 　　力。	23 分鐘		1. 段落大意 　　紙卡。 2. 課文內容 　　示意圖。	學生能專 心聆聽老 師的教學 並回答老 師的問題

2-2-2 上臺發表或舉手發言時，能運用肢體語言，培養良好臺風。	三、「理想」一文相關資料介紹 (一)教師介紹「理想」一文中提到的相關作者。 1.劉俠相關背景資料與作品介紹 2.鄭豐喜相關背景資料與作品介紹 (二)教師或學生提出問題，師生共同討論。	10分鐘	讓學生有基本概念即可	1.劉俠、鄭豐喜相關資料	學生能提出自己的問題 學生能回答其他同學的問題
	綜合活動				
2-2-1 上臺發表或舉手發言時，用字遣詞能正確，語意清晰，內容具體。	四、節末總結 (一)教師抽點學生回答問題。 1.本課第二段在說什麼？ 2.和同學說明劉俠的背景和作品。 (二)教師分派下次須繳交的作業。 ·習作第一和第二大題完成。 (三)教師將語句練習作業單收回來批改。 (四)教師生字延伸學習單發回來給學生。 —第四節課結束— —第五節課開始— 準備活動 教師：語句練習作業單完成批改、準備補充講義、本課教具袋。 學生：完成習作第一和第二大題。 發展活動	4分鐘	注意學生此堂課學習的成果	習作	學生能夠正確回答老師的問題
2-1-1 能尊重他人發言權利與意見。	一、引起動機 (一)教師詢問學生習作第一和二大題完成情形。	3分鐘	注意學生作業完成情形	習作	學生能回答老師的問題

	(二)教師和學生共同討論習作第一和第二大題較難的題目。				
2-2-2 上臺發表或舉手發言時，能運用肢體語言，培養良好臺風。	二、課文教學 第三段（明鏡） (一)內容深究：教師或學生提出問題，師生再共同討論。 1. 你曾遇過「別人譏笑，卻堅持到底」或是「別人引誘，卻懂得拒絕」的時刻嗎？是怎樣的情形？ (二)形式深究 1. 第一段：假如覺得自己沒錯，就要堅持。 2. 第二段：假如覺得事情不對勁，就要拒絕。在每個人的心中有面明鏡，時時注視著自己。	18 分鐘		1. 段落大意紙卡。 2. 課文內容示意圖。	學生能專心聆聽老師的教學並回答老師的問題
2-2-1 上臺發表或舉手發言時，用字遣詞能正確，語意清晰，內容具體。	三、習作練習 (一)第四大題 1. 教師請幾位同學唸題目。 2. 教師請同學回答題目問題答案。 3. 教師公布正確答案，並請學生完成。 (二)第五大題 1. 教師播放習作教學CD。 2. 教師詢問學生故事大綱。 3. 教師請學生回答並公布正確答案，請學生完成。	15 分鐘	注意教學 CD 播放的音量是否適中	1. 習作。 2. 教學CD。 3. CD Player。	學生能專心聆聽教學 CD 並提出問題
3-1-1 能蒐集席慕蓉的詩集。	（綜合活動） 四、節末總結 (一)教師確認學生習作完成情形。 (二)教師發補充講義（席慕蓉新詩作品）請學生預習。	4 分鐘	確認學生習作完成情況	補充講義	學生能將習作確實完成

	(三)教師將語句練習作業單發還回來給學生。 (四)教師提醒學生可以自我蒐集席慕蓉相關作品，可爲小組加分。 —第五節課結束— —第六節課開始—			
3-1-1 能蒐集席慕蓉的詩集。 2-1-1 能尊重他人發言權利與意見。	〔準備活動〕 教師：本課教具袋、作文紙。 學生：預習補充講義。 〔發展活動〕 一、引起動機 (一)教師詢問學生預習補充講義的心得，並與學生共同討論。 (二)教師詢問同學是否有查找席慕蓉相關作品，並請學生上臺分享。 (三)教師介紹〈一棵開花的樹〉，增加學生更認識席慕蓉的作品，以及新詩的寫作方式。	5 分鐘	簡單介紹	補充講義	學生能主動發言並聆聽老師教學
2-2-2 上臺發表或舉手發言時，能運用肢體語言，培養良好臺風。	二、課文教學 　　第四段（歲月） (一)內容深究：教師或學生提出問題，師生再共同討論。 1.爲什麼作者跟久不見面的朋友見面，會覺得他們的容貌不一樣？有怎麼樣的改變？ 2.作者認爲爲什麼容貌會有這樣的改變？ 3.你認爲要怎樣做，才能減少歲月對容貌的不好改變？ (二)形式深究 1.第一段：與多年不見的朋友見面，覺得他們都有些不同。	23 分鐘		1.段落大意紙卡。 2.課文內容示意圖。	學生能專心聆聽老師的教學並回答老師的問題

	2. 第二段：他們的臉上，有著這些年的滄桑。 3. 第三段：歲月躲進心裡，慢慢改變我們的容貌。 4. 第四段：遇到挫折，要保持寬諒喜悅的心。				
2-2-1 上臺發表或舉手發言時，用字遣詞能正確，語意清晰，內容具體。	三、習作練習 (一)第六大題 1. 教師請全班同學朗讀題目詩詞。 2. 教師詢問學生並請學生回答問題。 3. 教師公布正確答案，並與學生共同討論。	7分鐘	確認學生是否瞭解詩詞內容	習作	學生能夠一起朗讀並回答老師的問題
1-4-1 能寫出一篇創意新詩。 3-2-1 能利用本課所提的句型，將之運用於寫作練習中	綜合活動 四、節末總結 (一)教師確認學生習作完成情形，並收回來批改。 (二)教師統整本課教學內容並詢問學生有沒有問題。 (三)教師分派下次須繳交的作業。 1. 新詩創作。 —第六節課結束—	5分鐘	確認學生本課的學習成果	1. 作文紙。 2. 段落大意紙卡。 3. 課文內容示意圖。	學生能夠將習作完成並正確回答老師的問題

參考資料：1.康軒版　語文學習領域　第九冊（五上）　第十三課教學指引。
　　　　　2.康軒版　語文學習領域　第九冊（五上）　課本與習作第十三課內容。
　　　　　3.筆記四則——教育部數位教學資源入口網　教案設計者：王盈婷。

二、國中語文科領域國文教學教案設計

(一)類型：完整的單元設計。

(二)特色：

　　1.語文科五節課的完整設計。

　　2.囊括各種教學的相關因素。

☺ 第十四課　第一場雪　教學設計

單元名稱	與作家有約	設計者	魏玉佳
版本	康軒版　八年級	配合領域單元	資訊教育【4-3-3】 環境領域【3-2-1】

教學研究

一、教材內容屬性
(一)文章表述方式（文體）：記敘文
　　課文大意：開放心靈，欣賞大自然的美景，增添生活情趣。作者喜歡寫作也愛好旅行，當她看到出現在聖誕卡上的雪，讓她對雪有美麗的第一印象，當她看到有生以來「第一場雪」時，覺得一切都美麗起來，於是拿出相機及筆捕捉美景。
(二)生字：
　　1. 習寫字：京、邂、逅、睜、禿、裳、配、閉。
　　2. 認讀字：邂、逅、漫、雪、臂。
(四)語詞：北京、邂逅、睜開、光禿禿、衣裳、配上、閉上。
(五)句型：
　　1. 替換練習
　　　(1) 雪花　　越　飄越　密
　　　　　（名詞）　　（動詞）（副詞）
　　　　　．例句：風勢越刮越烈
　　　(2) 窗外　的　　景色　　一片　　荒涼
　　　　　（名詞）　　（名詞）　　　（形容詞）
　　　　　．例句：山上的樹木一片枯黃
　　　(3) 相機　像是　我　的　眼睛，它會幫　我　　捕捉　美麗　的　景象
　　　　　（名詞）　　（代名詞）（名詞）　　（代名詞）（動詞）（形容詞）（名詞）
　　　　　．例句：柚子皮像是弟弟的帽子，它會幫弟弟變化頭髮的色澤。
　　2. 造句練習
　　　(1) ……光禿禿……
　　　　　例句：寒冷的冬天來臨，小山頭變得光禿禿的。
　　　(2) ……然而……
　　　　　例句：我們本來計畫到海邊衝浪，然而雨下得太大，只好取消行程。
　　　(3) ……然後……
　　　　　例句：弟弟想把花瓶擦乾淨，然後一個不小心，卻把花瓶打破了。
(六)寫作教學
◎疊字美化句子
．例句：我靜靜的坐在窗前，看著「第一場雪」慢慢的在我眼前飛舞，我悄悄的拿起相機……。
　→用這些疊字，不僅加強語氣，加深讀者印象，更使人感受聲音韻律和諧的節奏美感。
◎轉化法
．例句：雪花越飄越密，好像準備在這兒大集合，為一個沒看過雪的人，做一次隆重的演出。

→ 運用轉化可以使雪花擬人化，讓讀者更可以身歷其境。
◎譬喻法
・例句：雪像一群飛舞在四周的小白蝶。
　→ 把純白飛舞的雪花，比喻成小白蝶。

二、學生經驗分析

1. 會以感官仔細觀察具體事物。
2. 會分辨課文的文體結構。
3. 已學過「門」、「酉」、「禾」、「衣」、「方」、「目」……等部首名稱。
4. 有曾經看過雪景的經驗。
5. 能說出雪的特色。

三、課程教材位階

單元名稱	課別	配合議題	十大基本能力	效果評量
第四單元 與作家有約	第十一課 詩二首	(生涯發展教育) 1-2-1 認識有關自我的觀念。		1. 實作評量（報告） 2. 實作評量（朗讀） 3. 實作評量（發表） 4. 實作評量（資料整理） 5. 習作評量
	第十二課 我，不是現在的我	(生涯發展教育) 3-2-1 學習如何解決問題及做決定		
	第十三課 筆記四則	(資訊教育) 4-3-3 能利用資訊科技媒體等搜尋需要的資料		
	第十四課 第一場雪		一、瞭解自我與發展潛能 二、生涯規劃與終身學習 三、尊重、關懷與團隊合作 四、文化學習與國際瞭解 五、運用科技與資訊	

四、教學重點

(一)注音
　　1. 運用注音符號，學習讀寫本課新生字詞。
　　2. 運用注音符號，幫助難詞的理解，瞭解課文的涵義。
(二)聆聽
　　1. 仔細聆聽教學 CD。
　　2. 仔細聆聽同學介紹旅遊行程。
　　3. 用心聆聽同學以戲劇演出看到雪的情景。
(三)說話
　　1. 用合宜的口語及聲調誦讀課文。
　　2. 練習用流利的語言介紹旅遊行程。
　　3. 用自然的語氣演出看到雪的情景。

(三)識字與寫字
　　1. 練習用設計字謎的方式，分解字的結構，輔助識字。
　　2. 學習使用電子字典，認識課文中的生字，新詞。
　　　　註：禿下面為「儿」，不要寫成「几」
(四)閱讀
　　1. 以問答的方式摘取大意。
　　2. 瞭解文章內容。
　　3. 閱讀遊記後能找出文章的重點。
(五)寫作
　　1. 練習使用正確的詞語完成句子。
　　2. 認識「譬喻」、「轉化」的修辭法。
　　3. 口述「然後」及「然而」造句。
　　4. 練習寫信給喜歡的作家。

	總時間	節次	各節時間	各節重點
教學時間	200 分鐘	5 節	40 分鐘	第一節：說話教學、講述課文。 第二節：生字、新詞教學。 第三節：內容深究。 第四節：形式深究。 第五節：綜合活動。

教學目標

能力指標	教學目標
2-1-1-1 能應用注音符號，分辨字詞的音義，提升閱讀理解的效能。 2-1-5-2 能讓對方充分表達意見。 2-3-6-5 能談吐清晰，風度良好。 2-2-8-2 會使用電子字典。 3-2-2-5 能說出一段話或一篇短文的要點。 3-2-3-5 說話時用詞正確，語意清晰，內容具體，主題明確。 5-2-8-2 能理解作品中對周遭人、事、物的尊重與關懷。 3-2-1-2 在看圖或觀察事物後，能以完整語句簡要說明其內容。 3-2-1-1 在討論問題或交換意見時，能掌握說話主題。 4-2-1-2 能利用生字造詞。 4-2-1-3 能利用新詞造句。	一、能應用注音符號分辨本課字詞的音義，瞭解課文的涵義。 　　1-1 能說出本課大意。 　　1-2 能回答老師的問題。 二、聆聽同學介紹旅遊行程，能讓對方充分表達意見 三、演出戲劇時能談吐清晰，風度良好 四、能學會本課生字。 　　4-1 能運用生字來造詞。 　　4-2 能運用新詞造出完整的句子。 五、能思考並體會作者賞雪的過程。 　　5-1 能運用課本佳句練習仿寫出相關的句子。 六、配合閱讀教學，撰寫旅遊摘要。 　　6-1 能誦讀本課課文。

6-2-2 能運用各種簡單的方式練習寫作。 3-2-2-2 能正確、流暢、有感情的朗讀文學作品。	

情境布置	教學準備
·請學生帶來有下雪的圖片、卡片，放置在教室布告欄提供大家觀賞。 ·請學生回家可以搜尋作者桂文亞的相關資料。	(一)教師 1. 準備生字卡、語詞卡、句型條。 2. 蒐集有關作家桂文亞的資料。 3. 蒐集相關兒童文學家的作品。 (二)學生 1. 預習本課生字新詞。 2. 查本課生字的部首與筆畫。 3. 請學生帶來有關雪景的卡片。

教學活動流程

教學目標	教學活動流程	時間分配	指導要點及注意事項	教學資源	評量方式
	第一節：說話教學、講述大意 (一)引起動機 1. 請學生說說看，有沒有看過雪？在圖片上或是實際看過？ 2. 教師給學生看布告欄大家帶來雪景的圖片和卡片。	5 分鐘		圖片	
6-1	(二)閱讀課文 1. 指定一排一排同學接續念課文。 2. 抽點同學站起來朗讀。 3. 請全班同學一起朗讀課文。	10 分鐘	老師糾正並指導錯誤	課本	能正確唸出課文
1-1	(三)講述大意 1. 概覽課文後，老師從提問中，歸納出本課大意： (1)作者怎麼知道下雪了？ (2)作者看到雪中有什麼景象？ (3)作者看到雪有什麼感覺？ 2. 老師歸納整理學生回答的內容，講述出本文大意，再請同學幾位試著講出來。 　　****第一節課結束****	15 分鐘 10 分鐘		課本	能以簡短句子說出 能舉手發表

教學目標	教學活動流程	時間分配	指導要點及注意事項	教學資源	評量方式
1-2	第二節：生難字詞教學 (一)引起動機：教師先貼出一張生字的字卡，並請問學生這個字認不認識，怎麼唸？	1 分鐘		字卡	能主動發表
4-2	(二)認識新詞 1. 揭示課文的新詞卡，每詞各唸兩次。 2. 師生共同討論語詞的意義。 3. 學生從課文中找出老師所唸的新詞，並圈起來。	14 分鐘 25 分鐘		課本 詞卡 生字字卡 生字簿	能正確說出 能一起在桌上跟著老師教學筆畫寫
4-1	(三)生字教學 1. 揭示生字卡。 　例：「京」 2. 問學生讀音 　例：「ㄐㄧㄥ」 3. 問學生生字卡的部首為何？ 　例：「亠」 4. 師生一起數生字筆畫。 5. 學生運用生字造詞。 　例：「北京」		教師行間巡視，並糾正錯誤。		
6-1	6. 請學生拿出生字簿，每個生字各寫兩遍。	2 分鐘			
	****第二節課結束****				
	第三節：內容深究 (一)引起動機：學生先朗誦課文，喚起記憶。 (二)教師拋出問題，先讓學生自行從課文中找出答案：	5 分鐘	引導學生畫出正確重點	課本 問題條	能正確唸出 能找出答案
1-1 1-2	1. 為什麼作者喜歡帶著筆和相機去旅行？ 2. 作者看到雪內心十分驚喜，你有這種經驗嗎？				
3-1 3-2	3. 除了雪景，你還可以從大自然界什麼事物，體會到美的感覺？ 4. 第一場雪帶給你什麼感覺？ 5. 從文章看起來覺得作家桂文亞是什麼樣的人？ (三)引導學生將課文分成九段，並找出各段大意，畫出重點句，回答上述問題： ・第一段：作者喜愛旅行和寫作	30 分鐘		課本 課程架構圖	能舉手回答 能正確回答 能仔細聆聽

教學目標	教學活動流程	時間分配	指導要點及注意事項	教學資源	評量方式
1-1 1-2 3-1 3-2	‧第二段：作者喜歡帶著相機和筆去旅行。 ‧第三段：作者用筆和相機寫出旅行印象 ‧第四段：作者在北京西山遇到第一場真正的雪 ‧第五段：作者看到小小的雪很興奮。 ‧第六段：寫出作者看到雪的興奮反應。 ‧第七段：回想看到出現在耶誕卡的雪，以及作者看到真正的第一場雪，雪花在天上飛舞，越飄越密的情形。 ‧第八段：雪給樹木披上衣裳，給大地化妝，使一切都美麗起來。 ‧第九段：作者拿出相機及筆捕抓美景，也捕抓美好的記憶。				
3-2	3. 共同討論習作「三、課文大意」。 ＊＊＊＊第三節課結束＊＊＊＊ 第四節：形式深究 (一)引起動機：詢問雪景特色：白白的、綿綿的……。 (二)句型練習： 1. 替換練習	5 分鐘 5 分鐘	教師行間巡視，並糾正指導錯誤。		
1-1 1-2	(1) 雪花 越 飄 越 密 　　（名詞）（動詞）（副詞） 　‧例句：風勢越刮越烈。	15 分鐘		習作	共同討論
5-1	(2) 窗外 的 景色 一片 荒涼 　　（名詞）（名詞）（形容詞） 　‧例句：山上的樹木一片枯黃。			卡片	能踴躍發言
	(3) 相機 像是 我 的 眼睛， 　　（名詞）（代名詞）　（名詞） 它會幫 我 捕捉 （代名詞）（動詞） 美麗 的 景象 （形容詞）（名詞） 　‧例句：柚子皮像是弟弟的帽子，它會幫弟弟變化頭髮的色澤。			句型條	能正確使用

教學目標	教學活動流程	時間分配	指導要點及注意事項	教學資源	評量方式
5-1	2. 造句練習 (1) ……光禿禿…… ・例句：寒冷的冬天來臨，小山頭變得光禿禿的。 (2) ……然而…… ・例句：我們本來計畫到海邊衝浪，然而雨下得太大，只好取消行程。 (3) ……然後…… ・例句：弟弟想把花瓶擦乾淨，然後一個不小心，卻把花瓶打破了。	15分鐘		句型條	能正確使用
3-2	（寫作教學） ◎疊字美化句子： ・例句：我靜靜的坐在窗前，看著「第一場雪」慢慢的在我眼前飛舞，我悄悄的拿起相機。 →用這些疊字，不僅加強語氣，加深讀者印象，更使人感受聲音韻律和諧的節奏美感。 ◎轉化法： ・例句：雪花越飄越密，好像準備在這兒大集合，為一個沒看過雪的人，做一次隆重的演出。 →運用轉化可以使雪花擬人化，讓讀者更可以身歷其境。 ◎譬喻法 ・例句：雪像一群飛舞在四周的小白蝶。 →把純白飛舞的雪花，比喻成小白蝶。		教師行間巡視，並糾正指導錯誤。	習作	能共同討論 能正確回答
1-2	拿出習作配合單元完成。 ****第四節課結束****	5分鐘			

4-2	第五節：綜合活動 (一)引起動機：問學生習作還有 　　哪些部分未完成？	1分鐘	教師行間 巡視，並 糾正指導 錯誤。	習作	能踴躍 發表 能正確 寫出
2-1	(二)討論習作：逐題討論習作內 　　的單元，協助完成。 (三)共同分享	10分鐘			
3-2	1. 教師詢問：「如果你在當導 　遊，會如何介紹旅遊景點？」 2. 請學生配合想要旅遊的地點， 　蒐集當地風土民情的資料，製 　作成導覽小書。 3. 報告完成後，同學可提出疑問 　或經驗分享。	20分鐘	將學生蒐 集的資料 貼在公布 欄	學生蒐集 的資料 學習單	能仔細 聆聽 能踴躍 分享
	(四)指導學生學習單 1. 畫出雪景、雪中的活動？ 2. 大自然界其他喜歡的景象？ 　****本課程全部結束****	9分鐘			

三、國小三年級數學領域數學教學教案設計

(一)類型：完整的一節設計。

(二)特色：

　　1. 數學科一節課的完整設計。

　　2. 囊括各種教學的相關因素。

　　3. 教案內容具體明確，銜接效果佳。

☺ 臺南市中山國小 100 學年度第二學期三年級數學領域教學設計

教學領域	數學	教學班級	3 年級 1 班
單元名稱	第二單元：時間 第一課：時和分的關係	教材來源	翰林版第四冊
		教學日期	
教學節次	第一節（共 1 節）	教學者	陳冠廷
指導老師	林進材老師	指導教授	林進材教授
設計理念	能認識時間單位「時」、「分」其間的關係，並做時或分同等單位時間量的加減計量。		
教學研究	一、教材分析 　　透過鐘面上時針與分針的轉動關係，知道 60 分鐘＝1 小時。 二、學生經驗分析 　　在二上時已學過： 1. 如何報讀時刻。 2. 認識一天、一星期、一個月、一年。 3. 解決兩日期經過幾日的問題。 　　學生已具備基本的四則運算能力。 三、教學準備（教材） 　　課本、習作、時鐘。		
基本能力指標	C-R-01 能察覺生活中與數學相關的情境。 C-C-03 能用一般語言與數學語言說明情境與問題。		

基本能力指標	教學目標	具體目標
C-R-01 能察覺生活中與數學相關的情境。 C-C-03 能用一般語言與數學語言說明情境與問題。	（認知） 1-1 認識時鐘。 （情意） 2-1 能專注於課堂。 2-2 能參與回答。 （技能） 3-1 能進行時間單位的換算。	1-1-1 能分辨時針。 1-1-2 能分辨分針。 1-1-3 能運用觀察來探究時鐘的變動。 2-1-1 能依照老師指示進行活動。 2-2-1 欣賞、包容個別差異並尊重自己與他人的發表權利。 3-1-1 能進行小時和分鐘間單位的轉換。

教學活動流程

具體目標代號	教學活動	教學資源	教學時間	教學評量
	—第一節課開始— **壹、準備活動** 一、課前準備 1. 把學生分成 5～6 人一組，全班約可分成五組。 2. 每位同學桌上皆有一個時鐘。		2 分鐘	
	二、引起動機 先利用一個小故事和影片（例如：1 分鐘可以跑多少公尺、做多少事……，藉此引起孩子的認知重組）。	短片	3 分鐘	
1-1-1 1-1-2 2-1-1 2-2-1	**貳、發展活動** 一、時鐘撥撥看 1. 認識長針和短針。	時鐘（每位學生 1 個）	1 分鐘	請學生指出長針和分針（抽點學生回答）。
2-1-1 2-2-1 1-1-3	2. 五分鐘分針走了幾小格（包含學生作答時間）。		1 分鐘	學生撥動時鐘，觀察分針走幾格（抽點學生回答）。
2-1-1 2-2-1 1-1-3	3. 半小時分針和時針各走了多少小格（包含學生作答時間）。		5 分鐘	學生撥動時鐘，觀察分針和時針各走幾格（抽點學生回答）。
2-1-1 2-2-1 1-1-3	4. 一小時分針和時針各走了多少小格（包含學生作答時間）。		4 分鐘	學生撥動時鐘，觀察分針和時針各走幾格（抽點學生回答）。
2-1-1 2-2-1 3-1-1	5. 二小時是幾分鐘（包含學生作答時間）。		4 分鐘	能轉換時和分（抽點學生回答）。

| 2-1-1
2-2-1
3-1-1 | 二、時間滴答走（包含學生作答時間）
1. 七點到九點，經過了幾分鐘。
2. 180 分鐘是幾小時。
3. 3 小時又 50 分鐘，是幾分鐘。 | 時鐘（每位
學生 1 個） | 5 分鐘
5 分鐘
5 分鐘 | 每組派一位同
學上臺作答，
並請同學解釋
算法。 |
| 2-1-1
2-2-1
3-1-1 | **參、綜合活動**
一、老師提問
1. 分針繞時鐘一圈是多久呢？
2. 時針繞時鐘一圈是多久呢？
註：再次強調走 60 小格，分針轉時
　　鐘 1 圈，是 60 分鐘，也就是 1 小
　　時。

—第一節課結束— | 時鐘（每位
學生 1 個） | 5 分鐘 | 老師提問，隨
機抽點同學上
臺講解觀念。 |

四、國小四年級數學領域數學教學教案設計(一)

(一)類型：完整的一單元設計。

(二)特色：

　　1. 數學科單元的完整設計。

　　2. 囊括各種教學的相關因素。

☺ 臺南市中正國小 100 學年度第二學期數學領域教學活動設計

教學領域	數學領域	教學班級	四年一班
單元名稱	第一單元：一億以內的數 第 1 節課：認識 10 萬以內的數	教材來源	南一版第八冊
		教學日期	
教學節次	第 1 節（共 6 節）	教學者	柯志昀
指導老師	王大偉老師	指導教授	林進材教授
設計理念	「數與量」是生活中最常見到的數學篇章，「一億以內的數」亦為與生活息息相關的重要單元。然而，此一重要單元卻經常被學生們所忽略，其實對生活存在著極大之助益，為了活化教學內容，提升學習興趣，故設計了此教學活動。		

教學研究	一、**教材分析** 　　本單元是承接擴展學生對新數詞認識的單元，將非負整數的認識延伸到億，並認識新數詞位值概念，進而理解 0 代表空位的意義。 二、**學生經驗分析** 　　1. 認識 10000 以內的數及千位。 　　2. 認識「萬位」，並能說出和寫出 10 萬以內各數的數詞序列。 三、**教學準備（教材）** 　　課本情境圖、位值表、動畫（光碟）、數字幣圖卡。		
基本能力 指標	N-2-01 能說、讀、聽、寫 10000 以內的數，比較其大小，並做位值單位的換算。 N-2-02 能透過位值概念，延伸整數的認識到大數（含億、兆）。		
基本能力 指標	教學目標		具體目標
N-2-01 N-2-02	（認知） 1-1 瞭解數字中「十萬位」的數。 1-2 配合位值表的應用，在具體情境中，說明十萬以內的數之數值代表意義、讀法與記法。		1-1-1 瞭解「十萬位」數的結構。 1-1-2 進行十萬以內各數的說、讀、聽、寫、做。 1-2-1 比較十萬以內兩數的大小。 1-2-2 認識十萬以內各數的位值，進而理解 0 代表空位的意義。
N-2-01	（情意） 2-1 能主動參與討論		2-1-1 能協助教導不會的同學演算。 2-1-2 能清楚、積極的判斷同學有關演算或推理的過程。 2-1-3 能接受同學不同於自己的有關之概念或算式。
N-2-01 N-2-02	（技能） 3-1 學會十萬以內的數。		3-1-1 透過活動，能說出十萬以內各數的數詞序列。 3-1-2 透過活動，說出和寫出「十萬」的新數詞。

教學活動流程

具體目標代號	教學活動	教學資源	教學時間	教學評量
	—第一節課開始— **壹、準備活動** **一、課前準備** 1.課本情境圖、位值表、錢幣圖卡。 **二、引起動機** 1.運用數字幣圖卡，帶領學生共同進行 100、200、300、……、1000 的累加數數。 2.運用數字幣圖卡，帶領學生共同進行 1000、2000、3000、……、10000 的累加數數活動。	數字幣圖卡	5 分鐘	學生能根據活動說出答案。
1-1-1	**貳、發展活動** 一、透過累加一萬、一千的數數活動，說出萬位以內各數的數詞序列。	數字幣圖卡	5 分鐘	勾起學生的先備知識。
1-1-2	二、透過數數活動，說出和寫出十萬位以內各數的數詞序列，並認識「十萬位」。	數字幣圖卡	5 分鐘	學生能瞭解「十萬位」的結構。
1-1-2 1-2-1	三、配合課本的應用，加深認識「十萬位」。	課本	5 分鐘	能說出十萬以內各數的序列。
	四、配合位值表的應用，說明十萬以內的數之數值代表意義、讀法與記法。	位值表	5 分鐘	十萬以內各數的說、讀、聽、寫、做。
	五、透過累加至一萬的數數活動，讀出並寫出「十萬」的數詞。	數字幣圖卡	5 分鐘	說出和寫出「十萬」的新數詞。
	六、讓學生自行練習習題並討論。	數字幣圖卡 學習單	5 分鐘 5 分鐘	能主動參與討論並幫助同學。
2-1-1 2-1-2 2-1-3 3-1-1 3-1-2	**參、綜合活動** 一、利用數字幣圖卡，帶領學生共同複習十萬以內的累加數數活動與位值紀錄方法。 二、發學習單。 三、提示下堂內容。 —第一節課結束—			

五、國小四年級數學領域數學教學教案設計(二)

(一)類型：完整的單元設計。

(二)特色：

    1. 數學科一單元的完整設計。

    2. 囊括各種教學的相關因素。

    3. 教案內容具體明確，銜接效果佳。

☺ 臺南市中正國小 101 學年度四年級下學期數學領域教學活動設計

教學領域	數學		教學班級	四年　乙班
單元名稱	第三單元：小數的加減		教材來源	南一版第八冊
			教學日期	2012.06.06
教學節次	（共四節）		教學者	許育誠
教學時間	45 分鐘		指導教授	林進材教授
設計理念	・由於小數和整數一樣，是採十進位結構的數，因此小數的加減和整數的加減方法相同，只要兒童瞭解小數的構造，並且注意小數點的位置，每一個數字所表示的意義（數值），學習本單元並不困難。 ・在教學中運用教學動畫 flash 來激發出學生的學習動機，並能讓學生藉由教學中的活動中瞭解二位小數的加減法，並理解直式運算。			
教學研究	一、教材分析 南一版 4 上　單元 1 ・認識二、三位小數及位值。 ・學生經驗分析。 1. 二、三位小數的位值換算以及大小比較。 2. 認識百分位、千分位。 二、教學準備（教材） 1. 學生分組：4〜6 人一組。 2. 教學用具：每組發一個小白板。 3. 數學習題 swf。 4. 自製 PPT 簡報。 5. 教學動畫 flash。			
基本能力指標	N-2-10 能認識多位小數，理解其比較，及用直式處理加減與整數倍的計算，並解決生活中的問題。			

基本能力指標	教學目標	具體目標
N-2-10 能認識多位小數，理解其比較，及用直式處理加減與整數倍的計算，並解決生活中的問題。	(認知) 1-1 認識二位小數加減法問題的意義。 (情意) 2-1 培養學生記錄小數加減法的解題過程結果。 (技能) 3-1 能解決兩位小數的加減法問題，並會使用直式計算。	1-1 能察覺兩位小數與分數間的關係。 1-2 能解決兩位小數的分解和合成問題。 2-1 能列出算式並記錄解題活動。 3-1 能解決一位小數加兩位小數的問題。 3-2 能解決兩位小數減法問題。

教學活動流程

具體目標代號	教學活動	教學資源	教學時間	教學評量
	─第一節課開始─ 小數的加法		5 分鐘	
C-T-1 C-T-2	壹、準備活動 一、課前準備 ·數學課本 51、52、53、54、55 頁 ·小白板 ·定位板 ·數學習題 swf ·自製 PPT 簡報 ·教學動畫 flash ·自製教具 二、引起動機 　　請學生觀看 flash 動畫，引起學習興趣，並發問問題，讓學生回顧之前所學。	課本 自製 PPT 簡報 教學動畫 flash	35 分鐘	能正確回答問題 能說出 0.03公尺和 0.05公尺
C-T-1 C-S-2 C-T-2	貳、發展活動 活動一：二位小數的加法 ◎二位小數不進位的加法 ▶ 問題一： ·紅紙帶與藍紙帶各有多長？ ·兩條紙帶加起來有多長？	自製教具（紙帶）		

C-R-1 C-T-2 C-E-5	・把做法用算式記下來。 ➤ 問題二：國語教具箱 0.16 公尺，數學教具箱疊起來的高是幾公尺？把做法用直式記錄下來。 ◎二位小數需進位的加法 ➤ 問題三：小美想到龍山寺祈願考試順利，從臺北車站搭捷運到龍山車站，這兩站的距離有多長？ ➤ 問題四：小莉從忠孝新生站搭捷運到臺北車站拜訪她的好朋友小美，這兩站的距離有多長？	課本 小白板 PPT（SHOW 題目） 定位板 課本 小白板 PPT（SHOW	能正確的用算式記錄解題過程 能用直式計算
C-R-4 C-T-1	◎二位小數有缺位的加法 ➤ 問題五：阿土伯到宜蘭南方澳觀光，買了 0.7 公斤的飛虎魚丸和 0.45 公斤的旗魚丸，他一共買了幾公斤的魚丸？ ➤ 問題六：1 個空木箱重 1.45 公斤，阿傑往木箱內放了 10.6 公斤的書後，木箱和書共重幾公斤？ ・用直式算算看 (1) 0.48 + 0.6 = (2) 2.64 + 13.6 = (3) 1.25 + 0.8 =	題目） 定位板 課本 小白板 PPT（SHOW 題目） 定位板	能解決二位小數加法的進位問題 能解決有缺位的二位小數加法問題 能熟練有缺位的二位小數加法計算
C-R-4 C-T-1	**參、綜合活動** 回家作業 出一張小數的加法練習卷提供學生回家自行練習。 —第一節課結束— —第二節課開始— 		
C-E-5	小數的減法 **壹、準備活動** **一、課前準備** ・數學課本 51、52、53、54、55 頁 ・小白板 ・定位板 ・數學習題 swf ・自製 PPT 簡報 ・教學動畫 flash ・自製教具 **二、引起動機** 回顧上堂課所教的小數的加法，並出幾道練習題讓學生做，檢驗之前所學是否已經學會。並播放動畫，	 回家作業 課本 教學動畫 flash	

	引起學習興趣，並發問問題。			
C-T-1	**貳、發展活動** 活動二：二位小數的減法 ◎二位小數不退位的減法	課本 小白板 PPT（SHOW 題目）	35 分鐘	能說出 0.02 公尺
C-T-1 C-S-2	➤問題一：藍紙帶比紅紙帶長幾公 尺？把做法算式記下來。 ➤問題二：1 條棉繩長 4.75 公尺， 編中國結用去 1.25 公尺，剩下幾 公尺的棉繩？	定位板		能正確的用 算式記錄解 題過程
C-R-1 C-T-1	◎二位小數需退位的減法 ➤問題三：數學課本的長是 0.26 公 尺，寬是 0.19 公尺，長比寬多幾 公尺？			能熟練不退 位的二位數 減法計算
C-R-4 C-T-1	➤問題四：斜張橋全長 2.62 公里， 小傑開車通過這座橋，已經行駛 了 0.68 公里，還剩多遠就可以通 過這座橋？	課本 小白板 PPT（SHOW 題目）		能解決二位 小數減法的 退位問題
C-E-5	·請學生用直式算算看： (1) 0.81-0.74 = (2) 5.23-4.28 =	定位板		
C-R-1 C-T-1	◎二位小數有有缺位的減法 ➤問題五：一瓶醬油原有 1.2 公 升，醃肉用去 0.45 公升，還剩下 幾公升的醬油？			能解決二位 小數減法的 退位問題
C-R-1 C-T-1	➤問題六：曉鈴上個月體重是 24 公 斤，這個月的體重比上個月少了 1.68 公斤，曉鈴這個月的體重是 多少？			能熟練須退 位的二位小 數減法計算
	回家作業 出一張小數的加減法練習卷提供學 生回家自行練習。	課本 小白板 PPT（SHOW 題目） 定位板	5 分鐘	能解決有缺 位的二位小 數減法問題
	―第二節課結束―			能解決有缺 位的二位小 數減法問題
	―第三節課開始―			
	三位小數的加減			熟練小數的 加減法計算
	壹、準備活動 一、課前準備 ·數學課本 51、52、53、54、55 頁 ·小白板 ·定位板 ·數學習題 swf ·自製 PPT 簡報 ·教學動畫 flash ·自製教具			

	二、引起動機 　　回顧上堂課所教的小數的減 法，並出幾道加減法混合練習 題讓學生做，檢驗之前所學是 否已經學會並熟練且能分辨加 減。而後播放前引導動畫，引 起學習興趣，並發問問題。	回家作業 課本 教學動畫 flash	5 分鐘	能解決三位 小數的計算 能解決有缺 位的三位小 數加減法問 題
C-R-4 C-T-1	貳、發展活動 活動三：三位小數的加減 ◎三位小數的加法直式計算 ➤ 問題一：小玉到阿里山去玩，從 　　姊妹潭到神木區，小玉要走幾公 　　里？	課本 小白板 PPT(SHOW 題 目) 定位板	35 分鐘	能熟練三位 小數的加法 計算
C-R-4 C-T-1	➤ 問題二：曉鈴和小玉到大湖採 　　草莓，曉鈴採了 2.096 公斤的草 　　莓，小玉採了 3.91 公斤，兩人共 　　採了幾公斤的草莓？			
C-E-5	・用直式算算看 　(1) 0.451 + 1.549 = 　(2) 5.29 + 0.529 ◎三位小數的減法直式計算	課本 小白板 PPT(SHOW 題 目) 定位板		能解決三位 小數減法退 位的問題
	➤ 問題三：小玉家和奶奶家相距 　　0.623 公里，小玉從家裡往奶奶家 　　走了 0.274 公里，小玉還差幾公 　　里才到奶奶家？			
C-R-4 C-T-1	➤ 問題四：1 瓶果汁原有 2 公升， 　　爸爸喝了一些後剩下 0.815 公 　　升，請問爸爸喝了幾公升？ ・用直式算算看 　(1) 0.695 − 0.596 = 　(2) 5.284 − 0.99 =			能解決有缺 位的三位小 數減法問題
C-R-4 C-T-1	(3) 1 桶水原有 10 公升，倒掉一些 　　後剩下 4.555 公升，倒掉的水 　　有幾公升？ 回家作業 出一張三位小數的加減法練習卷提 供學生回家自行練習。		5 分鐘	能熟練三位 小數減法退 位的問題
C-E-5	——第三節課結束—— ——第四節課開始—— 複習二、三位小數的加減計算 壹、準備活動 一、課前準備 ・數學課本 51、52、53、54、55 頁			

	‧小白板 ‧定位板 ‧數學習題 swf ‧自製 PPT 簡報 ‧教學動畫 flash			
C-E-5	二、引起動機 　　回顧上堂課所教的三位小數的減法，並出幾道加減法混合練習題讓學生做，檢驗之前所學是否已經學會並熟練且能分辨加減。	回家作業 課本	5 分鐘	
C-E-5	貳、發展活動 ◎練習 ‧用直式算算看： (1) 10.1 + 1.01 = (2) 6.755 + 3.3 = (3) 10.04 − 6.44 = (4) 5 − 2.521 = ◎把做法用算式記下來	課本 小白板 PPT）SHOW 題目） 定位板	15 分鐘	能用直式正確算出答案
	1. 小莉家到學校的距離是 0.652 公里，她每天走路上下學，來回共走了幾公里？ 2. 雪山隧道全長 12.9 公里，小明開車進入隧道，已經行駛了 5.855 公里，還剩下多少公里就可以通過隧道？	小白板 PPT（SHOW 題目） 定位板	25 分鐘	能用直式正確算出答案
C-E-5	參、綜合活動 　　帶領一個活動，配合本單元小數的加減法的教學 (一)名稱：小數加減神槍手。 (二)目標：能用直式處理二、三位小數加減計算。 (三)玩法 1. 在黑板上畫出一個九宮格的靶，隨意寫入 9 個二、三位小數。 2. 玩者輪流以粉筆當飛鏢投靶二次後，再將兩次小數加起來，最後由最大者獲勝。 3. 也可以比兩次相減，差最小者獲勝。	小白板 定位板		

六、國小五年級數學領域數學教學教案設計

(一)類型：完整的一節設計。

(二)特色：

　　1. 數學科一節課的完整設計。

　　2. 囊括各種教學的相關因素。

　　3. 將教學步驟系統化。

☺ 大同國小 100 學年度五年級數學教案設計

教學領域	數學領域	單元名稱	線對稱圖形	單元節數	5
教學班級	大同國小 5 年 2 班	教材來源	康軒國小數學五上		
教學者	許士友	指導者	林進材教授、周志斌老師	試教日期	11/21
能力指標	5-s-04 能認識線對稱與簡單平面圖形的線對稱性質				

單元教學目標	具體行為目標
1. 察覺生活環境中的線對稱現象。 2. 透過對摺，認識線對稱圖形和對稱軸。 3. 透過剪紙，製作出線對稱圖形。	1-1 能辨識線對稱圖形。 1-2 能說出線對稱圖形的特性。 1-3 能判斷平面圖形是否為線對稱圖形。 2-1 能透過對摺從圖形中找出對稱軸。 2-2 能利用對摺方式認識對稱邊，並且知道對稱邊會相等。 3-1 能利用剪紙的方法，剪出一個線對稱圖形。

教學研究

一、教學分析
1. 課程連結性：

過去	現在	未來
・第四冊第九單元：認識生活中的「角」、「邊」、「平面」 　　　　↓ ・第四冊第四、八單元 ・理解平面上兩線垂直與平行的關係 ・利用三角板和摺紙做直角 ・認識兩平面圖形全等的意義	本單元 ・察覺線對稱圖形的現象 ・認識線對稱圖形及對稱軸 ・認識線對稱圖形的性質 ・繪製線對稱圖形	第十一冊第九單元 ・知道原圖和縮圖或擴大圖的對應角、對應邊的關係 ・能畫出簡單圖形的擴大圖或者縮圖

2. 教學重點：讓學生瞭解對稱圖形的特性。
3. 教學方法：使學生實作的方式，利用課本附件的圖片練習，然後發現其中的重點。
4. 評量方式。

學生與學習經驗分析

學生學習經驗
1.能運用「角」、「邊」等構成要素，辨認簡單平面圖形。
2.透過操作，認識基本三角形與四邊形的簡單性質。
3.能認識平面圖形全等的意義。

教學前準備	
教師準備事項	學生準備事項
1. 教學資源與教具準備：電子白板、電子書、白板、投影機等教學資源的熟悉。 2. 座位安排：學生以各排爲一組，若是上臺答對題目便能夠爲該組加分。	1. 學生準備好附件十～附件十三，學生攜帶剪刀、直尺。 2. 學生能夠專心聆聽。

教學活動流程

目標代號	教學活動	時間分配	教學資源	評量方式與表現標準
	〈教學前準備〉 電子白板、電子書、白板、投影機等教學資源的熟悉。 —第一節開始— **壹、引起動機** 　先複習學生的舊經驗，就「全等圖形」、「平行圖形邊與角的關係」做複習，複習完後利用電子書中的學前即時評量(一)、學前即時評量(二)引起學生的興趣。 **貳、發展活動** ◎數學課本 P.77	5 分鐘	電子白板、電子書、白板、投影機	能說出之前課堂所教授的內容重點（引起動機，不必進行教學評量）
1-1	·教師： 日常生活中我們可以常見到許多以對稱形式構成的圖形。例如：文字（ㄍ、ㄒ、一等注音符號；A、B、C 等英文字母）、剪紙、人臉等等。 ·大家看到課本第 77 頁，就可以看到實例了。上面的文字 A、M、W、田、日等文字就是左右對稱的文字；另外就是課本中提到的建築物。 ·還有沒有人可以舉出相關的例子呢？	3 分鐘	課本	

1-1	◎數學課本 P.78 教師：在這一頁有看到很多的圖片，這些圖形有什麼特別的地方呢？	2分鐘	電子白板、電子書、白板、投影機、附件、直尺	學生能認真操作 請依據教學目標進行評量教學
2-1	◎數學課本 P.79（配合附件十） 教師：請各位同學拿出附件十，實際上做做看，對摺後你發現了什麼？	5分鐘		
		2分鐘		
1-3 2-1	・教師也拿著印好的附件十，實際對摺給學生看，讓學生知道怎麼樣對摺，並且尋找線對稱圖形的特點。 ・對摺後兩邊能完全疊合的圖形，稱為線對稱圖形 ・而對摺後的摺線，就是這個圖形的對稱軸。 ・利用電子書中的「互動解題」、「解題關鍵」，再加深學生的印象。 ・接著讓學生練習 P.79 下面的圖形。 ◎數學課本 P.80 ・詢問學生下列的圖形是否為對稱圖形，如果是的話，抽籤請學生上臺畫出這個圖形的對稱軸。	2分鐘	電子白板、電子書、白板、投影機	學生能認真操作 請依據教學目標進行評量教學

			教具	評量
1-3	 ・請學生練習題目6（配合附件十一） ・下列哪些是線對稱圖形？抽籤請學生回答，並上臺畫出對稱軸。	5分鐘	電子白板 白電子書板、投影機、附件	能操作依據題目進行評量 學生認真依學進行教學 學認作請教標教量
1-3 2-1 2-2		5分鐘	電子白板 白電子書板、投影機、附件	能操作依據題目進行評量 學生認真依學進行教學 學認作請教標教量
	◎數學課本 P.81（配合附件十二、十三） 教師： ・請學生拿出附件十二並且摺摺看，找出下列各圖形的對稱軸。抽籤請人回答，並且請學生上臺於白板上畫出對稱軸。		電子白板 白電子書板、投影機、附件	

| 1-3
2-2 |

教師：
‧請學生練習題目 9，拿出附件摺摺看。抽籤或者
　直接指名學生上臺畫出對稱軸。

 | 3 分鐘 | 電子白板投影機、附件白電書板、、影 | 能操據目行評
生真依學進學
學認作請教標教量 |
| | | 5 分鐘

3 分鐘 | 電子白板投影機、附件白電書板、、影 | 能操據目行評
生真依學進學
學認作請教標教量 |

◎數學課本 P.82 教師發給學生每人一張色紙，請學生先對摺後再進行剪紙活動。 **參、綜合活動** 歸納今天的重點，從文字、建築物，到圖形。提醒學生今天講過的地方，並且提示下次上課重點。 —第一節結束—	電子白板、電子書、白板、投影機、色紙27張、剪刀	學生能認真操作，請依教學目標進行評量 學生能專心聆聽，請依教學目標進行評量

七、國小五年級鄉土教學教案設計

(一)類型：完整的一節設計。

(二)特色：

　　1. 鄉土教育教案一節課的完整設計。

　　2. 囊括各種教學的相關因素。

　　3. 教案內容強調學生的學習經驗、教材分析、地方特色。

◎ 臺南市進學國小 100 學年度第二學期五年級鄉土教材教案設計

教學領域	鄉土	教學班級	五年一班
單元名稱	永華倱海邊	教材來源	自編
		教學日期	101.06.30
教學節次	第一節（共一節）	教學者	謝佳柔
指導老師	林進材老師	指導教授	林進材教授
設計理念	以活潑的教學方式，讓學生能自然學習母語。		

教學研究	一、教材分析 1. 認識臺灣形成的過程。 2. 說出臺江內海涵蓋的範圍。 3. 說出陳永華在臺灣的事蹟。 4. 培養愛鄉愛土的情懷，珍惜腳下的土地。 二、學生經驗分析 　　五年級國語課本與社會課本均有提到陳永華相關資訊，但對於永華國小的前身——瀨口鹽場，曾聽聞過的學生甚少。 三、教學準備（教材） 1. 單槍投影機。 2. 實務投影機。 3. 教材簡報 PPT。
基本能力指標	1-3-3 瞭解人們對地方與環境的認識及感受有所不同的原因。 2-3-1 認識今昔臺灣的重要人物與事件。 2-3-2 探討臺灣文化的淵源，並欣賞其內涵。

基本能力指標	教學目標	具體目標
	認知 1-1 認識臺灣形成後到目前之過程。 1-2 認識臺江內海。 1-3 認識臺灣歷史人物陳永華之事蹟。 情意 2-1 能透過觀察與討論，經驗陳永華對臺貢獻。 技能 3-1 分組合作完成問題。	1-1-1 認識古地圖上的臺灣。 1-1-2 藉由課文內容瞭解臺灣緣由。 1-2-1 明確畫出臺江內海範圍。 1-3-1 認識陳永華在臺灣歷史的角色。 1-3-2 認識陳永華在臺灣經營的功績。 2-1-1 能在具體情境中，說出心得並與他人分享。 3-1-1 各組組員能相互合作討論問題。 3-2-1 各組能回答教師的提問。

教學活動設計

具體 目標 代號	教學活動	教學資源	教學時間	教學評量
	—第一節課開始— **壹、準備活動** 一、課前準備 1. 教師準備： 　單槍投影機、實務投影機、教 　材簡報PPT。 2. 學生準備： 　文具。 二、引起動機 1. 教師先呈現一幅荷蘭時期臺灣 　古地圖，請學生進行分組搶 　答： 　(1)這幅圖片是指哪一個島嶼？ 　(2)這與今天的島嶼有何不同 　　呢？ 2. 開始呈現本堂課程之教學簡 　報，並請學生翻開鄉土教材課 　本。	 單槍投影機、教學 簡報、古地圖	 5分鐘	
	貳、發展活動 一、課文欣賞 1. 教師帶領學生朗讀本單元課文 　內容。			
1-1-1 1-1-2	2. 教師請學生畫出幾個重要關鍵 　字句： 　(1)板塊、碰撞。 　(2)臺江內海。 　(3)鄭成功、陳永華。 　(4)天日曬鹽。 　(5)瀨口鹽場。 　(6)臺灣歷史。	課本 教學簡報	5分鐘	能正確朗 誦文章 能正確圈 出關鍵字 句
2-1-1 3-2-1	二、欣賞臺江風光 1. 教師呈現「活動一」之「臺江 　範圍圖」，並向學生說明圖上 　黃色區域是昔日臺江內海涵蓋 　區域。 2. 教師詢問學生，昔日臺江大約包 　含今天臺灣南部哪些鄉鎮縣市？ 　(1)嘉義縣布袋鎮。 　(2)臺南市北門區、將軍區、七 　　股區、佳里區、安定區、新	課本 教學簡報	5分鐘	能正確回 答問題

	市區、永康區。 (3)臺南市安南區、安平、西 　區、北區、中區、南區。 (4)高雄市茄萣區。			
1-2-1 3-1-1	三、認識陳永華 1. 教師請學生將「活動二」中屬 　於陳永華對臺灣經營的事蹟圈 　選出來。 2. 請學生分組發表所圈選的選項 　是什麼？並說說看原因。		5分鐘	
1-2-1	四、遊遍七鯤鯓 1. 教師以單槍投影機呈現課本 　「活動三」之臺江外海七個沙 　洲示意圖。 2. 教師先解釋鯤鯓的意思為「沙 　洲」，因古人看到突出於近 　海沿岸的沙洲頗像鯨魚浮出海 　面。	課本 教學簡報	5分鐘	能正確圈 出答案 能明確說 出原因
2-1-1 3-2-1	3. 藉由地圖，教師帶領學生完成 　「活動三」這七座鯤鯓對照於 　今日地點為何： (1)鯤鯓是安平古堡。 (2)鯤鯓是億載金城。 (3)鯤鯓位於秋茂園。 (4)鯤鯓位於龍崗國小附近。 (5)鯤鯓位於喜樹國小附近。 (6)鯤鯓在今日灣裡地區。 (7)鯤鯓在臺南與高雄交界的二 　仁溪出海口。			能回答問 題並說明 原因
2-1-1 3-1-1	五、滄海桑田 1. 教師請學生針對「活動四」的 　圖示，請學生依照時間順序回 　答問題，並各組回答發生的原 　因。 2. 各組指派一位代表上臺分享。 3. 教師解說研習學習有關「鯤鯓 　（沙洲）」形成原因，藉由課 　本之圖片讓學生認識臺江內海 　逐漸淤積與沙洲關係密切。	課本 教學簡報	3分鐘 5分鐘 2分鐘	能正確回 答並說明 原因 各組能清 楚分享
	參、綜合活動 1. 教師統整今日課程重點。 2. 計算榮譽榜分數。 3. 預告下節課教學內容。 　　　—第一節課結束—		5分鐘	

八、國小四年級社會領域社會科教學教案設計

(一)類型：完整的一節設計

(二)特色：

　　1. 社會領域一節課的完整設計。

　　2. 囊括各種教學的相關因素。

　　3. 教案內容具體明確，銜接效果佳。

☺ 國立臺南大學 100 學年度第二學期崇明國小社會科教案設計

教學領域	社會科領域		教學年級	四年級
單元名稱	第三單元第一課：早期的陸上交通		教材來源	康軒版第八冊
			教學日期	2012.06.29
教學節次	第 1 節（共 5 節）		教學者	張鐙月
指導老師	林進材　教授		指導教授	林進材　教授
設計理念	藉由瞭解先民的陸上交通狀況，進而能使學生體會先民生活之辛勞。			
教學研究	一、教材分析 1. 家鄉早期人力運輸的方式有哪些？（手提、肩挑、揹負、轎子、臺車、板車、三輪車……等） 2. 家鄉早期利用人力與獸力等運輸方式，容易受到地形起伏與天氣變化的影響。 3. 說明家鄉先民如何克服陸上運輸的障礙。 4. 傳統的人力與獸力運輸，對於早期家鄉與外界貨物交流有什麼影響？ 二、學生經驗分析 　　學生之前在電視媒體或是書報雜誌上，可能已有看過一些有關早期陸上交通的方式。 三、教學準備（教材） (一)教師：power point、教學海報、閱讀早期陸運方式的補充資料、閱讀郁永河渡臺採硫的故事。 (二)學生：先預習課文內容，並上網瀏覽相關早期陸運方式的資訊。			
基本能力指標	．欣賞、表現與創新 ．表達、溝通與分享 ．尊重、關懷與團體合作 ．運用科技與資訊 ．主動探索與研究			

基本能力 指標	教學目標	具體目標
	認知 1-1 認識家鄉早期陸上的運輸方式。 1-2 瞭解地形起伏與天氣變化對家鄉早期運輸方式的影響。 1-3 瞭解早期陸上家鄉對外的貨物交流的情形。 技能 2-1 以表演的方式模仿出家鄉先民早期的陸運方式。 2-2 運用分組討論方式表達意見。 情意 3-1 體會家鄉先民生活的辛勤。 3-2 培養團結合作的精神。	1-1-1 能說出三種以上家鄉早期陸上的運輸方式。 1-2-1 能舉例說明家鄉早期陸上的道路狀況。 1-2-2 能說出家鄉先民克服陸上交通障礙的方法。 1-3-1 能說出早期陸上運輸方式對家鄉與外界貨物交流的影響。 2-1-1 能模仿出一種以上家鄉先民早期的陸運方式。 2-2-1 能參與討論發表自己的意見。 3-1-1 能說出一點以上的家鄉先民生活辛勤之處。 3-2-1 能在活動中表現出團結合作的精神。

教學活動設計

具體 目標 代號	教學活動	教學資源	教學時間	教學評量
	——第一節課開始—— **壹、準備活動** 一、引起動機——「郁永河渡臺採硫」的故事。 **貳、發展活動** 一、播放 power point 圖片並提問，讓學生回答圖片各代表哪一種家鄉早期的陸上運輸工具，以及此運輸工具的特點何在。 二、拿出事先準備的教學海報，向學生說明課本 56、57 頁中的早期運輸工具的特徵各為何。	補充資料 PPT 電腦 投影機 教學圖片 教學海報 課本 黑板	5 分鐘 3 分鐘 14 分鐘	能瞭解故事背景與意涵 熟知各種早期陸上運輸工具的特點和使用方法、時機

	1. 肩挑：這是早期常見的運輸方式之一，人以扁擔加上提籃的肩挑方式來運送貨物。 2. 揹負：將重物或人揹在背上的運輸方式，十分吃力且辛苦，如泰雅族以前就常用這種方式。 3. 轎子：由兩人或四人共同抬起，通常是運輸「人」；以前轎夫通常著草鞋抬轎。 4. 臺車：在日治時代所發展出的一種運輸方式，利用輪軸和滑軌減輕人力負擔（通常在下坡路段時，車夫不用出力，只要控制滑行速度和煞車即可）。 5. 板車：由於有木板拼成的載物平臺，所以手拉車又稱為板車。透過輪軸原理拉動大車輪，比手提或肩挑輕鬆許多，載貨量大（傳統貨倉碼頭常用此搬貨）。 6. 三輪車：配備有方向把手、煞車系統、司機座位，並有擋風遮雨的乘客座位，動力改用腳踩，配合車輪滾動速度更快。 7. 獸力：早期陸上運輸的動力來源，尤其用牛拉車的情形相當常見，農家常利用牛車載運農產及林木。 三、學生默讀課文 56、57 頁。 四、教師提問 1. 說說看家鄉早期陸上運輸的情形？（家鄉先民的活動範圍有限，生產也多自給自足，人貨交流較不頻繁，陸上運輸多靠人力或獸力進行。） 2. 家鄉早期人力運輸的方式有哪些？（手提、肩挑、揹負、轎子、臺車、板車、三輪車……等。） 3. 家鄉早期獸力運輸的方式有哪些？（以牛拉車為主。）	3 分鐘 10 分鐘	瞭解並且深入探討早期陸上運輸工具特徵，並且做分辨與類推 默讀課本內容並進行探討 以小組討論方式進行回答與意見分享

	4. 家鄉早期主要的交通路線是什麼？（狹窄的小徑或道路）
	 5. 說說看家鄉早期的道路狀況（早期家鄉道路多爲彎曲狹窄的羊腸小徑，牛車路雖較寬闊，卻不超過一、二公尺，而臺車道的軌距，也只有 0.7 公尺而已）。
	
	 參、綜合活動
	 一、老師重點總複習
	   今天教了哪些陸上運輸的方式。
	 二、評量
	 三、指派作業
	   請學生塡寫習作一的第一大題，並請他們回家先預習課本 58、59 頁，並上網瀏覽相關資訊。
	
	 —第一節課結束—
				重點複習，熟知課文內容並可以舉一反三

九、國中社會領域歷史科教學教案設計

(一)類型：完整的一節設計。

(二)特色：

    1. 國中社會領域一節課的完整設計。

    2. 囊括各種教學的相關因素。

    3. 教案內容具體明確，銜接效果佳。

☺ 國立臺南大學 100 學年度第二學期國中三年級社會領域歷史科教學活動設計

教學領域	社會領域	教學班級	三年二班
單元名稱	第五單元 第一課：古埃及	教材來源	翰林版第五冊

		教學日期	101.6.30
教學節次	第一節（共1節）	教學者	蔡克旻
指導老師	王大偉老師	指導教授	林進材教授
設計理念			
教學研究	一、教材分析 1. 埃及古文明地理環境的認識。 2. 埃及古文明的政治演進。 3. 古埃及的信仰觀。 4. 埃及古文明的文化與成就。 二、學生經驗分析 1. 學生對埃及文明僅有片面的瞭解。 2. 教師可以妥善運用影片及相關圖片，釐清學生對埃及古文明的概念。 三、教學準備（教材） 　單槍投影機、電腦、可上網環境、影印機。 四、教學方法 　講述法、欣賞法、比較法。		
基本能力 指標	教學目標		具體目標
	1-4-2 分析自然環境、人文環境及其互動如何影響人類的生活型態。 2-4-3 認識世界歷史（如思想、文化、社會制度、經濟活動與政治興革等）的發展過程。 4-4-3 瞭解道德、藝術與宗教如何影響人類的價值與行為。 9-2-2 比較不同文化背景者闡釋經驗、事物和表達的方式，並能欣賞文化的多樣性。		1-4-2-1 能在地圖上說明分析古埃及自然環境。 1-4-2-2 能說明古埃及人利用環境發展農業。 2-4-3-1 能說明古埃及政治發展過程。 4-4-3-1 能解說古埃及的多神信仰。 4-4-3-2 能口頭解釋古埃及的生命觀。 9-2-2-1 能說明古埃及文化的特色。 9-2-2-2 能說出古埃及科技的成就。

教學活動設計

具體目標代號	教學活動	教學資源	教學時間
	─第一節課開始─ **壹、準備活動** 一、課前準備 (一)教師 ・事先準備有各種放大與縮小的圖片簡報、影片和單槍、電腦。 ・教師準備教案並擷取電影「神鬼傳奇」片段，另準備木乃伊及金字塔立體書，以配合本課程之進行。 ・教師準備【象形文字大考驗】學習單。 (二)學生：可複習四大古文明西亞部分，方便與本課程做比較。	投影片	
	二、引起動機 1. 運用電影「神鬼傳奇」之劇情，讓學生自由發表其對埃及的各項看法，藉此提起學生的學習興趣。 2. 學生回答參考答案： ①埃及有金字塔及人面獅身像。 ②埃及有沙漠及駱駝。 ③木乃伊身上有很多繃帶。 ④神明長得很特別，而且神明很多。	簡報、影片播放	4 分鐘
1-4-2-1 1-4-2-2	**貳、發展活動** 一、講述法 1. 運用課本地圖介紹古埃及地理形勢是北低南高，故河水是由南向北流入地中海；並說明尼羅河定期氾濫的重要性，亦可運用大禹治水的故事說明河流與人類生活的密切關係。	P.66 地圖	4 分鐘
2-4-3-1	2. 介紹古王國、中王國、新王國的歷史進程與時代特色。	板書	3 分鐘
9-2-2-1	3. 運用金字塔立體書籍並播放動畫，說明金字塔的建築技巧及其意義。	金字塔立體書 木乃伊立體書	4 分鐘
4-4-3-1 4-4-3-2	4. 說明埃及的多神信仰及靈魂不滅的生命觀，並介紹木乃伊的製作過程做為呼應。	簡報	5 分鐘
9-2-2-1	5. 介紹古埃及的象形文字、太陽曆法、數學及醫學成就。		5 分鐘
2-4-3-1	二、欣賞法 1. 欣賞埃及新王國時期第 18 王朝法老圖坦卡蒙面具圖像，觀察法老王權及埃及藝術之美。	簡報	2 分鐘

9-2-2-1	2. 觀看金字塔及獅身人面像圖片，體會該建	簡報	2 分鐘
9-2-2-1	築物品完工之艱鉅過程。		
	三、比較法：		
2-4-3	1. 運用學生已習得之西亞、埃及、中國文		2 分鐘
	明，分析河流與古文明發展之關聯。	學習單	
9-2-2	2. 學生已於國文課程中習得象形、指事、會		5 分鐘
	意、形聲、轉注、假借的文字奧妙，配合		
	本課程，觀察中國象形文字及埃及象形文		
	字差異性，並試著表達看法。		
	・參考一：許慎《說文解字》：「象形者，		
	畫成其物，隨體詰詘，日月是也。」		
	・參考二：腓尼基人將簡化的字母向外傳		
	播，成爲西方語文字母的共同源頭。		
	參、綜合活動	尋找金字塔動畫	4 分鐘
	觀看「尋找金字塔」動畫，請學生踴躍	（歷史文化學習	
	發表本課程學到了哪些知識。	網）	
	─第一節課結束─		

十、國小五年級語文領域國語科教學教案設計

(一)類型：國小語文領域國語科教案設計

(二)特色：

　　1. 完整五節課教學設計。

　　2. 教案設計完整。

☺ 臺南市東區德高國民小學 100 學年度第一學期三年四班國語科教案設計

教學領域	國語科	單元名稱	阿瑪迪斯		單元節數	五節
教學班級	三年四班	教材來源	南一版國小三年級上學期（第十一課）			
教學者	李彥慈	指導者	魏麗祝老師、林進材教授		試教日期	11/21-12/02
能力指標	A-1-4-3-1 能利用注音符號輔助認識文字。 B-1-2-7-4 能有條理的掌握聆聽到的內容。 B-1-3-2-1 能概略聽出朗讀時優美的節奏。 C-1-1-1-2 能簡單介紹自己。 C-1-1-2-5 能用完整的語句回答問題。 D-1-5-1-1 能掌握基本筆畫的名稱、筆形和筆順。 D-1-5-2-5 能認識楷書基本筆畫的變化。					

E-1-1-1-1 能熟習常用生字語詞的形音義。
E-1-2-1-1 能讀懂課文內容，瞭解文章的大意。
F-1-1-2-2 能在口述作文和筆述作文中，培養豐富的想像力。
F-1-1-9-4 能經由作品欣賞、朗讀、美讀等方式，培養寫作的興趣。

單元教學目標	具體行為目標
(認知) 1. 能認識莫札特的音樂創作。 2. 能瞭解圖像詩的趣味。 3. 能思考課文內容，並合理的歸納重點，表達意見。	1-1 能瞭解莫札特的生平。 1-2 能說出莫札特的音樂作品。 2-1 能說出圖像詩給人的感受。 3-1 能瞭解文章表達的意涵，以及歸納課文內容重點。 3-2 能學習如何清晰的表達自我意見。 3-3 能以正確的筆順寫出生字。
(技能) 4. 能嘗試用轉化技巧來形容音樂。	4-1 能以想像力描述音樂給你的感受。
(情意) 5. 能欣賞莫札特的各種音樂創作。 6. 能廣泛閱讀課外讀物以及養成閱讀的良好習慣。	5-1 能嘗試說出聽過莫札特音樂後的感受。 6-1 能學習廣泛閱讀課外讀物。
教學重點	學生學習表現
1. 能認識莫札特的音樂創作。 2. 能瞭解圖像詩的趣味。 3. 能嘗試用轉化技巧來形容音樂。 4. 能欣賞莫札特的各種音樂創作。	學生都很踴躍舉手發言，不過大部分還不是能流暢的表達自己的想法，所以會有比較多的時間讓他們思考和準備，並跟大家分享自己的經驗。
教學前準備	
教師準備事項	學生準備事項
一、教學資源與教具準備 1. 莫札特音樂另類演奏短片。 2. 莫札特音樂。 3. 電腦動畫：阿瑪迪斯。 二、教室布置 1. 莫札特的小故事。 2. 莫札特的故事作品—魔笛。 三、座位安排 　　不變動，以一大排為一組。	一、課前預習與資料蒐集 1. 預習課文。 2. 蒐集其他音樂家的生平及故事。 二、教師指定應準備之學習材料 1. 課本、語詞本、生字練習簿、習作。 2. 莫札特的生平和故事。

教學活動流程

目標代號	教學活動	時間分配	教學資源	評量方式與表現標準
	◎教學前準備 (一)教師準備：莫札特音樂另類演奏短片。 (二)學生準備：預習課文、查生字的部首與筆畫。 ——第一節開始—— 一、引起動機 (一)放一部莫札特音樂另類演奏的短片給學生欣賞。 (二)老師提問：「大家知道這是誰的作品嗎？聽這首歌的感覺是什麼？」（感受是特別的、有趣的、活潑的……）進而帶到課文的主題阿瑪迪斯。莫札特的全名是沃夫岡・阿瑪迪斯・莫札特，他是外國人。莫札特是他的姓氏，阿瑪迪斯是他的名字。	 (6分鐘) 2分鐘 1分鐘	 網路短片	 引起動機，不必教學評量
3-2	(三)在進入課程前，讓學生舉手發表，看看學生對莫札特的印象有什麼。 (四)老師簡要說明莫札特的生平故事。 二、發展活動	1分鐘 1分鐘		能表達自己的想法 請依據教學目標進行評量
1-1	(一)請學生朗讀本課課文。老師針對各段課文進行朗讀帶讀指導。本課為韻文，在朗讀時，要有韻律及好聽的音調。 (二)以問答的方式帶領學生探討本課大意： 1.這一課的主角是誰呢？（阿瑪迪斯）他的名字是什麼？（莫札特） 2.阿瑪迪斯的意思是什麼？（神之愛）老師也解釋神之愛的意思為「神的禮物、神所愛的」——音樂神童。 3.在課文中，音樂比喻了哪些事物？（冰淇淋、甜點、小鳥、溪水、光） 4.年紀輕輕就被神喚回身旁，意思是？（莫札特年輕時就去世了）	2分鐘 (33分鐘) 4分鐘 3分鐘	 課本	學生能帶有感情的朗讀 請依據教學目標進行評量
2-1	5.課文中有兩句，很有意境，我們感受到它輕飄飄的，有趣味性的，是哪兩句呢？（讓我帶著你的心輕輕飛翔、Do Re Mi Fa Sol La Si）			

3-1 3-3	(三) 將本課大意讓學生複誦一次。 (四) 生字教學： 1. 阿（ㄚ） 　　造詞：阿拉、阿姨（多用於稱呼或是 　　　　　譯名）。 2. 瑪（ㄇㄚˇ）——強調部首是玉部 　　造詞：珍珠瑪瑙、噶瑪蘭。 3. 迪（ㄉㄧˊ） 　　造詞：啓迪、迪化街、迪士尼。 4. 斯（ㄙ） 　　造詞：斯文、瓦斯、宙斯、斯巴達。 5. 名（ㄇㄧㄥˊ） 　　造詞：名氣、報名、命名、名額、名 　　　　　聲、名氣、名義。 　　成語：赫赫有名、隱姓埋名、名落孫 　　　　　山、名副其實、名不虛傳。 6. 莫（ㄇㄛˋ） 　　造詞：莫非、莫名、莫須有、莫若。 7. 札（ㄓㄚˊ） 　　造詞：札記、書札、手札。 8. 之（ㄓ）——通常是沒有特別意思的 　　詞。 　　成語：一笑置之、不了了之、敬而遠 　　　　　之、總而言之、一言以蔽之。 9. 窮（ㄑㄩㄥˊ） 　　造詞：窮困、窮人、無窮無盡。 10. 旋（ㄒㄩㄢˊ） 　　造詞：旋轉、周旋、盤旋、螺旋、迴 　　　　　旋、旋律。 11. 律（ㄌㄩˋ） 　　造詞：法律、律師、律詩、紀律、一 　　　　　律、音律。 12. 捕（ㄅㄨˇ） 　　造詞：捕抓、逮捕、追捕、緝捕、捕 　　　　　魚、捕快。 13. 笛（ㄉㄧˊ）——強調部首是竹部， 　　以前笛子是竹子做的。 　　造詞：笛子、笛聲、警笛、汽笛、長 　　　　　笛。 14. 冰（ㄅㄧㄥ） 　　造詞：冰涼、冰冷、冰水、冰雪、溜 　　　　　冰、冰棒、冰河、冰塊。 　　成語：冰雪聰明、冰天雪地。 15. 淇（ㄑㄧˊ） 　　造詞：冰淇淋。	2 分鐘 20 分鐘	電子書	學生能正確 書寫生字， 學生能發表 造詞

	16. 淋（ㄌㄧㄣ／） 　　造詞：淋雨、淋濕、淋浴、淋巴管。 (五)新詞教學： 1. 神童：在某方面聰慧異常的小孩。 　　（複習第六課也講過的神童——駱賓 　　王。中外都有許多神童，舉例說出了 　　駱賓王、李白、莫札特。） 2. 無窮：沒有盡頭、極限。（舉例宇宙 　　是無窮無盡，學生希望下課是無窮無 　　盡的。） 3. 旋律：把一群高低、長短、強弱不同 　　的樂音，按照節奏上的一定的關係連 　　續演奏，稱為旋律。（哼唱兒歌讓學 　　生聽聽旋律，並說明旋律和歌詞的差 　　別。）	4 分鐘		學生能理解 詞語的意思
	三、綜合活動 (一)簡單重點的將這節課所教過的生字做 　　複習，並要求學生回家練習。 (二)指派作業：生字練習簿。	(1 分鐘) 1 分鐘		學生能正確 完成家庭作 業
	——第一節結束——			
	◎教學前準備 (一)教師準備：莫札特的音樂作品（小夜 　　曲與小星星變奏曲）。 (二)學生準備：預習課文。			
	——第二節開始——			
1-2	一、引起動機 (一)播放莫札特的音樂作品，大家都很熟 　　悉的小星星變奏曲和小夜曲讓學生欣 　　賞。	(9 分鐘) 8 分鐘	音樂	
3-2	(二)請學生嘗試說出聽過音樂之後的感 　　受。老師引導學生感受是否有如課本 　　所形容的那種輕快甜美。	1 分鐘		
	二、發展活動 (一)請學生朗讀第一大段，要帶有感情的 　　朗讀。 (二)新詞教學 1. 捕：捉拿、擒住。 2. 笛音：吹奏笛子所發出的聲音、旋 　　律。（音樂課都有吹直笛，大家覺得 　　笛音聽起來如何呢？）	(24 分鐘) 1 分鐘 3 分鐘	課本電 子書	學生能帶有 感情的朗讀 課文 請依據教學 目標進行評 量

4-1	3. 少女：年輕的未婚女子。（老師算不算少女呢？三年四班的小女生們是不是少女呢？不是，小朋友們還是女孩。複習第四課雪地靈犬——小男孩的詞語。） 4. 冰淇淋：一種半固體的冷凍甜食，是夏天消暑的食品。 (三)譬喻修辭：冰淇淋般，甜美而冰涼的音樂。 (四) 請學生朗讀第二大段，要帶有感情的朗讀。 (五)新詞教學 1. 輕巧：方便、靈巧。 2. 甜點：吃起來有甜味的點心。 (六)轉化修辭 1. 音樂甜點——把只能聽見的音樂當做具體的甜點。 2. 光在風中嬉戲——把只能看見的光當做具體的遊玩嬉戲。 (七)譬喻及排比修辭：像鳥輕盈的飛，像溪水輕快的流，像光在風中嬉戲。「鳥的飛翔」形容音樂的輕盈；用「溪水」來形容音樂的輕快；用「風中的光」形容音樂的神奇變化。 (八)請學生朗讀第三大段，要帶有感情的朗讀。 (九)新詞教學 1. 年紀：年齡。 2. 繼續：連續而不間斷。 3. 家鄉：故鄉。 4. 奧地利：國名，位於歐洲中部，首都是維也納。 5. 巴黎：城市名，是法國首都。 6. 雪梨：城市名，是澳洲的一大城。 7. 魔笛：指歌劇中那支神奇的笛子。 8. 清脆：聲音清晰悅耳。 9. 流轉：流動轉移（此處指魔笛的音樂聲流洩而出，到處風行。） (十)轉化修辭 1. 我的音樂卻繼續旅行——將音樂的流傳與散布描述得像人一樣能夠旅行。 2. 讓我帶著你的心，輕輕飛翔——把聆聽莫札特的音樂的人心，轉化成為會飛翔的事物；不但具有畫龍點睛的效果，更使得文章的結尾有種意猶未盡的感覺。	1 分鐘 1 分鐘 1 分鐘 2 分鐘 2 分鐘 1 分鐘 4 分鐘 2 分鐘	課 本 電子書 課 本 電子書	能瞭解修辭的使用技巧 學生能帶有感情的朗讀課文 學生能理解詞語的意思 能瞭解修辭的使用技巧 能瞭解修辭的使用技巧

	(十一)排比修辭：到巴黎，到雪梨，到臺灣。		
	(十二)生字教學：	6分鐘	電子書
	1. 鄉（ㄒㄧㄤ）──強調左邊不是糸。		
	造詞：家鄉、鄉下、鄉村、夢鄉、故鄉。		
	成語：衣錦還鄉、鄉親父老。		學生能正確書寫生字
	2. 奧（ㄠˋ）		學生能發表造詞
	造詞：深奧、奧地利。		
	3. 黎（ㄌㄧˊ）		
	造詞：巴黎、黎明。注意不要將兩個黎、梨搞混了。		
	4. 梨（ㄌㄧˊ）		
	造詞：水梨、雪梨、梨花、梨渦。		
	5. 魔（ㄇㄛˊ）		
	造詞：惡魔、魔術。		
	6. 脆（ㄘㄨㄟˋ）		
	造詞：清脆、脆弱、乾脆。		
	三、綜合活動	(7分鐘)	
	(一)本課生字自己練習寫一遍，讓學生熟記。	1分鐘	
	(二)本課字音字形辨析。	5分鐘	
	(三)指派作業：生字練習簿與字詞練習第一本。	1分鐘	
	─第二節結束─		
	◎教學前準備		
	(一)教師準備：圖像詩的範例。		
	(二)學生準備：其他音樂家的故事。		
	─第三節開始─		
	一、引起動機	(7分鐘)	電子書
	(一)播放課文動畫，讓學生對於莫札特的印象更加深。	6分鐘	
	(二)詢問學生，對於莫札特是不是有更進一步的瞭解。	1分鐘	
	二、發展活動	(26分鐘)	
	(一)教學活動──請學生打開課本 89 頁，「辨認同音字」，教師領讀，學生跟讀。	1分鐘	課本	學生能理解詞語的意思
	・ㄌㄧˊ 梨─雪梨、黎─巴黎。		
	・ㄉㄧˊ 迪─阿瑪迪斯、笛─魔笛。		

4-1	(二)譬喻教學,「有趣的想像」,教師領讀,學生跟讀。 ‧音樂的旋律像鳥輕盈的飛,溪水輕快的流,光在風中嬉戲。 ‧音樂可以像冰淇淋般甜美而冰涼,瀑布般奇幻而壯麗,百花盛開般優美而浪漫。	2分鐘		
3-2 2-1	➤讓學生發揮想像力,感受音樂可以像哪些事物。例如: ‧音樂可以像止痛藥,撫慰人們的傷痛。 ‧音樂像白雲,輕柔又變化萬千。 ‧音樂可以像(棉花糖般──柔軟而細緻)。 ‧音樂可以像(咖啡般──香醇而濃郁)。 ‧音樂可以像(蝴蝶般──輕盈而美麗)。			學生能將之運用在造句 請依據教學目標進行評量
 6-1	(三)圖像詩教學,配合 ppt。 (四)國語習作拿出來,教師與學生一起完成(二、三、四、五大題)。 ‧第六大題請學生上臺發表音樂家的故事,巴哈與蕭邦,老師在旁邊補充。第一大題讓學生最後練習。	6分鐘 13分鐘 4分鐘	習作	能感受多種圖像詩的創作 請依據教學目標進行評量
	三、綜合活動 (一)讓學生完成國語習作第一大題(生字與注音練習)。 (二)教師巡堂指導學生未完成部分。 (三)提醒學生下一節課要圈詞與便利書要記得帶來。	(7分鐘) 4分鐘 2分鐘 1分鐘		
	─第三節結束─			
	◎教學前準備 教師準備:魔笛繪本動畫。 ─第四節開始─ 一、引起動機 (一)先告知學生要欣賞魔笛繪本動畫,必須先把課本的東西結束告一段落。 (二)請學生拿出課本與便利書。 二、發展活動 (一)拿出課本,要圈詞做練習。 (二)拿出便利書,勾選成語與解釋。	 (2分鐘) 1分鐘 1分鐘 (33分鐘) 6分鐘		

5-1 6-1	(三)播放魔笛繪本動畫，內容是魔笛的故事內容。 (四)發下學習單，讓學生回答問題以及寫下對於魔笛的一些想法與感受。 (五)寫作時間。學生有問題發問，教師巡視，給予指導。 三、綜合活動 (一)本課重點複習。 (二)告訴學生回家作業以及準備明天的考試。 —第四節結束—	9分鐘 6分鐘 2分鐘 10分鐘 (5分鐘) 4分鐘 1分鐘		能將想法書寫於學習單上，並以自身的感想來表達
	◎教學前準備 (一)教師準備：第十一課總結評量一份。 (二)學生準備：複習第十一課。 —第五節開始— 一、引起動機 　發試卷給學生，並要學生先填上姓名、座號。 二、發展活動 (一)讓學生練習本單元的課程內容。 (二)教師巡視，觀察學生比較不會的題目或題型。 三、綜合活動 　收回試卷，講解題目困難之處，給予學生解答。 —第五節結束—	 (2分鐘) 2分鐘 (35分鐘) (3分鐘) 3分鐘	試卷	學生能瞭解並熟練本課

十一、護理系麻醉科教學教案設計

(一)類型：三節課的整體計畫。

(二)特色：

　　1.整體性的教案設計。

　　2.大單元的教案設計。

教學領域	基礎護理技術	教學班級	
單元名稱	麻醉床	教材來源	滄州醫學高等專科學校教案
		教學日期	
教學節次	3	教學者	
指導老師	黃○○教授	指導教授	黃○○教授

一、教學目標
1. 知道臥床病人床更換床單的目的。
2. 在節力的原則下完成臥床病人床更換床單。
3. 在為病人更換床單過程中培養團隊協作觀念。

二、教學內容
1. 學習情境二：入院病人護理。
2. 任務五：準備床單。
3. 項目十：臥床病人床更換床單技術。

三、教學重點
　正確為臥床病人床更換床單。

四、教學難點
　運用節力原則完成臥床病人床更換床單、更換床單過程中保護病人避免受傷。

五、主要授課方式
　講授法、演示法、案例導入法、分組討論法。

教學活動設計

具體目標代號	教學活動	教學資源	教學時間	教學評量
	―第一節課開始― **壹、準備活動** **一、課前準備** (一)教師：事先準備有各種器具以及教課書。 (二)學生：課前預習。 **二、引起動機** 　影片導入教學。	床、床單 影片		

3-1-1	**壹、發展活動** **一、麻醉床講解** 1. 導入案例說明麻醉床目的及評估、計畫內容。 2. 結合學生利用備用床來講解麻醉床操作及注意事項。 3. 課間休息。	45 分鐘 10 分鐘 90 分鐘	互相討論
3-2-1 1-2-2	**二、麻醉床練習** 1. 全班同學分組練習，每組 4 人，由任課教師和實驗教師共同帶教。 2. 由帶教老師演示鋪麻醉床的操作方法。 3. 分組練習，練習過程中指導教師巡迴指導，發現問題，現場及時糾正。	60 分鐘	小組合作狀況
1-2-1 1-1-1 1-2-2	**貳、綜合活動** 隨機抽取一名學生考核，其他同學做評委，然後教師點評，目的是鍛鍊學生們分析問題解決問題的能力和心理素質，可督促學生有效利用課堂時間。通過課堂巡迴指導和隨機抽考，總結常見的問題，強化學生對重點難點的掌握。 —第三節課結束—		考核

十二、高中電腦科教學教案設計

(一)類型：整體性的教案設計。

(二)特色：

　　1. 理念性的設計。

　　2. 各節課教學理念與活動的設計。

╶◈ 教 案 設 計 ◈╴

- 第一節課教案　　• 第二、三節課教案　　• 第四節課教案
- 第五節課教案　　• 第六、七節課教案　　• 第八節課教案

主要領域： 資訊教育	單元名稱：我們的地球生病了，怎麼辦才好？		設計者：王秀鶯
次要領域： 環境教育	版本： 自行設計	適用年級： 十年級	上課節數： 八節課	設計日期： 99 年 9 月

> 教學目標：
1. 能提升學生對探索議題的相關知識。（認知）
2. 學生能透過小組合作，共同完成主題探索的任務，從中學會與人合作，進而增進人際關係。（情意）
3. 能運用時下的資訊科技，例如使用群學網教學平臺及網路資源進行學習，並能操作影音多媒體的相關軟、硬體，而習得 21 世紀新技能。（技能）

> 學習策略：採用數位敘事的主題探索式學習（Project Based Learning, PBL），提供學生走入社區的機會，去對真實環境進行探究，並利用資訊科技工具進行學習，最後再產出影片型式的數位專題報告。讓學生經由探索的學習歷程，得以開展其多元智能、培養問題解決的能力及習得 21 世紀的新技能。

> 國際素養：全球暖化及環境相關問題，是屬於國際性議題。

> ICT 的運用：
1. 以群學網做為教學平臺（http://cop.linc.hinet.net），進行學生間的同儕與師生互動、建立數位學習歷程檔、做為主題探索數位作品的主要分享平臺及線上作品評註。
2. 利用 Internet 上的網路資源進行主題探索的資料蒐集與學習。
3. 軟體的操作：影像處理軟體、視訊剪輯、影音多媒體檔案的轉檔操作。
4. 硬體的操作：數位相機、DV 數位攝影機、掃描器。

> 能力指標：
1-3-1 藉由觀察與體驗自然，以及以創作文章、美勞、音樂、戲劇表演等形式，表現自然環境之美與對環境的關懷。
2-3-1 能瞭解本土性（如：非核家園）和國際性的環境議題（如：永續發展、全球變遷、生物多樣性）及其對人類社會的影響。
2-3-3 認識全球環境議題（如：永續發展、全球變遷、生物多樣性）及其背後的文化差異。
2-4-2 瞭解多媒體電腦相關設備，以及圖形、影像、文字、動畫、語音的整合應用。
3-3-1 瞭解人與環境互動互依關係，建立積極的環境態度與環境倫理。
3-3-4 能關懷未來世代的生存與永續發展。

3-4-2 能利用簡報軟體編輯並播放簡報內容。儘量使用自由軟體。

4-4-1 能利用網際網路、多媒體光碟、影碟等進行資料蒐集，並結合已學過的軟體進行資料整理與分析。

4-3-1 在面對環境議題時，能傾聽（或閱讀）別人的報告，並且理性地提出質疑。

4-3-2 能客觀中立的提供各種辯證，並虛心的接受別人的指正。

4-3-3 能藉各種媒體主動積極蒐集國內外環保議題與策略。

4-3-4 能運用科學方法研究解決環境問題的可行策略。

4-3-5 能運用科學工具瞭解周遭的環境狀況與變遷。

主題探索的教學核心～提供學生在真實情境中可實踐的學習「任務」

　　本課程，提供了學生五大項的學習「任務」，在任務的實踐上又分成「個人任務」及「小組任務」二部分，所有的學習任務將利用八節課來實踐完成。

第一節課

任務一

‧個人任務：瞭解為何要進行「數位敘事之主題探索式學習」。

‧小組任務：進行小組組員的工作分工，並至群學網學習平臺上完成編組工作。

第二節課

任務二

‧個人任務：

1. 認識全球暖化及造成全球暖化之成因。

2. 能利用教師所提供之網路資源進行學習，並以 PowerPoint 呈現所摘要的資訊。

3. 將製作好的簡報，上傳至群學網學習平臺上的「數位學習歷程檔案」內。

第三節課

任務三

‧小組任務：

1. 針對每個組員所蒐集到的資料進行討論，並將內容擷錄成一份 5～10 頁的簡報。

2. 將小組完成的簡報上傳至群學網學習平臺，並利用其分享機制，設定成分享，來與社群成員進行分享。

3. 確定小組的探索議題：請依教師所提供的「全球暖化」、「節能減碳」、「能源環保」、「綠建築」及「臺灣生態環境」等五個議題中，擇一來做為小組所要探索的議題。

4. 完成小組的探究議題之「學習單」。

第四節課

‧個人任務：

1. 學會教師所教授的「錄音機」錄音軟體及 Quick Media Converter 影音轉檔軟體。

2. 請同學扮演播音員的角色，將探索歷程中的發現製作成 2 分鐘以內長度的 .mp3 之檔案格式，再交給小組長做為小組彙整的資料。

‧小組任務：

請將小組所蒐集的資訊，提供三則資訊貼文至群學網的討論區與社群成員共享。

第五節課

任務四

・小組任務：
　以小組合作方式，完成故事板的製作。請同學將要呈現在影片中的重要內容元素，繪製成故事板，以利能掌握影片拍攝及製作的工作。

第六、七節課

・個人任務：
　學會教師所教授的 PhotoImpact、Mp3DirectCut、 MS Movie Maker 的軟體操作技巧。
・小組任務：
1. 小組共同完成主題探索的數位專題報告～產出 .wmv 的影片。
2. 請將小組產出的影片，上傳至群學網學習平臺上，並利用其分享機制， 設定成分享，讓所有社群成員皆可觀賞。

第八節課

任務五

・個人任務：請同學們登入群學網（http://cop.linc.hinet.net）學習平臺，去觀賞同儕所產出的影片作品，並進行評註與回饋。

◎教師課前準備
1. 須先設計好要讓學生進行主題探索的「情境照片」及「情境文字描述」，以引發學生的學習動機。
2. 設計要讓學生進行主題探索的「學習任務」，任務表達越明確，越能讓學生精準地達成教師所交派的學習任務。
3. 課前先找好要學生進行學習的「網路資源」，讓學生能在有限時間內去「使用」資訊，而非「尋找」資訊，進而有效地建構知識。
4. 熟知教學平臺（例如：群學網教學平臺）的各種機制，以利教學。
5. 設計好 Rubric 學習評量表，以便在第一節上課時，即讓學生知道教師對學習的評量標準，以做為學習依歸。
6. 設計好數位故事的學習單，用以引導學生拍出有價值的影片。
7. 提供故事板模板，讓學生在創作影片前，能先製作出探索議題的故事板。

◎學生資訊的先備能力
1. 已具備製作簡易簡報的能力，例如在簡報內輸入文字及插入圖片。
2. 會用 IE 瀏覽器上網。
3. 知道如何利用關鍵字在 YouTube 搜尋與主題相關的影片。

設計者：臺南市德光中學　王秀鶯老師

十三、大學教育學系教學設計

(一)類型：一學期的教學設計。

(二)特色：

　　1. 屬於科的教學設計和教案設計。

　　2. 囊括所有教學計畫的因素。

☺ 課程簡介

開課年度學期	100 學年度第 2 學期
開課班級	教育學系
授課方式	課堂教學、中文
課程代號	112237
課程名稱（中文）	教學設計與發展
課程名稱（英文）	Instructional Design and Development
學分數／時數	2/2
必（選）修	必修
授課老師	林進材教授
上課教室	J103
助教	
上課時間	星期五，節次 A、B

☺ 課程大綱

週次	課程單元大綱	教學方式	參考資料或相關作業	評量方式
1	課程介紹與講解	講述法		課堂參與
2	教學的基本概念與教學效能	講述法		課堂參與、隨堂測驗
3	班級經營與教學效能	講述法、經驗分享		課堂參與、專題討論、隨堂測驗
4	教案撰寫與教學設計（一）	講述法、實作	國小各科教案設計	實作、隨堂作品
5	教案撰寫與教學設計（二）	實作與講評	國小各科教案設計	實作作品
6	國小語文領域教學與教學設計（一）	講解、講述	國小語文領域教學設計	實作、語文領域教學設計
7	國小語文領域教學與教學設計（二）	講解、講評	國小語文領域教學設計	實作、語文領域教學設計
8	國小數學領域教學與教學設計（一）	講解、講述	國小數學領域教學設計	實作、數學領域教學設計
9	國小數學領域教學與教學設計（二）	講解、講評	國小數學領域教學設計	實作、數學領域教學設計
10	國小自然與生活科技領域教學與教學設計（一）	講解、講述	國小自然與生活科技領域教學設計	實作、國小自然與生活科技領域教學設計
11	國小自然與生活科技領域教學與教學設計（二）	講解、講評	國小自然與生活科技領域教學設計	實作、國小自然與生活科技領域教學設計
12	國小社會領域教學與教學設計（一）	講解、講述	國小社會領域教學設計	實作、國小社會領域教學設計

13	國小社會領域教學與教學設計（二）	講解、講評	國小社會領域教學設計	實作、國小社會領域教學設計
14	國小重要議題教學與教學設計（一）	講解、講述	國小重要議題教學設計	實作、國小重要議題教學設計
15	國小重要議題教學與教學設計（二）	講解、講評	國小重要議題教學設計	實作、國小重要議題教學設計
16	國小教學活動設計與教學觀摩（一）	講解、示範、說明	國小教學活動設計與教學觀摩	教學觀摩
17	國小教學活動設計與教學觀摩（二）	教學觀摩	國小教學活動設計與教學觀摩	教學觀摩
18	課程檢討與期末測驗	講解、講評	繳交個人檔案	

先修（前置）課程

1. 教學原理。
2. 教學理論與方法。
3. 國小各科教材教法。

課程目標

1. 瞭解教學設計與發展的意義及內容。
2. 探討教學設計的相關理論基礎。
3. 分析教學設計的主要內涵。
4. 探究教學設計的理論及應用。
5. 分析教學設計的議題及實際應用。
6. 瞭解教學設計理論與實務的結合。

☺ 單一課程對應校能力指標程度

編號	校核心能力	符合程度
A	道德力	5
B	自學力	5
C	創造力	5
D	溝通力	5
E	就業力	4

☺ 單一課程對應系能力指標程度

編號	系學生基本能力指標	符合程度
1	能瞭解教育理論與現場或職場實務知能	5
2	能在與服務對象互動中呈現專業知識與技巧	5
3	能運用專業知能解決教學或職場的問題	5
4	能進行教育專業研發	5
5	能省思國內的教育與相關制度及運作型態	4
6	能針對教育相關議題進行思考、探索與處理	5
7	能在教學活動或職場中呈現專業投入的敬業精神	5
8	能具備持續創新與成長的特質	4

☺ 教科書或參考用書（館藏）

無。

☺ 教科書或參考用書（備註）

1. 林進材（2012）。教學原理。臺北：五南。
2. 林進材（2007）。教學理論與方法。臺北：五南。
3. 其他有關教學專業書籍。

☺ 教學方法

教學方法	百分比
講　　述	20.0
專題實作	30.0
討　　論	20.0
問題導向學習	20.0
個案研討	10.0
總　　和	100.0

☺ 成績評量方式

評量方式	百分比
個人口頭報告	30.0
個人書面報告	20.0
課堂參與	20.0
作業撰寫	20.0
檔案評量	10.0
總　　和	100.0

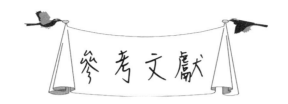

➥中文◄

方炳林（1976）。**普通教學法**。臺北市：教育文物。

任慶儀（2011）。**教案設計——教學法之運用**。臺北市：鼎茂。

朱則剛（2007）。教學基本歷程。載於國立空中大學出版，**教學原理**。國
　　立空中大學。

余民寧（2003）。**教育測驗與評量**。臺北市：心理。

李坤崇（2003）。**教學評量**。臺北市：心理。

林進材（1997）。**教師教學思考——理論、研究與應用**。高雄市：復文。

林進材（2006A）。**教學理論與方法**。臺北市：五南。

林進材（2006B）。**教學論**。臺北市：五南。

林進材（2010）。**教學原理**。臺北市：五南。

林進材、林香河（2011）。**教學高手**。臺北市：五南。

林碧珍（2007）。**數學教學案例**。臺北市：師大書苑。

胡怡謙（2007）。教學目標概述。載於國立空中大學出版，**教學原理**。國
　　立空中大學。

郭生玉（1987）。**心理與教育測驗**。臺北市：精華。

陳騰祥（1976）。**教學流程圖研究**。臺中市：正豐。

黃光雄等譯（1985）。**教育目標的分類方法**。高雄市：復文。

黃光雄主編（1988）。**教學原理**。臺北市：師大書苑。

黃政傑主編（1997）。**教學原理**。臺北市：師大書苑。

黃銘惇、張慧芝譯（2000）。**課程設計**。臺北市：桂冠。

黃費光、羅鴻翔（1974）。**新式教學設計**。臺南市：國教之友。

郭聰貴、鄭麗娟、林麗娟、吳佳蕙（2007）。**學習導向的教學設計原理**。高雄市：麗文。

張祖忻、朱純、胡頌華編著（1998）。**教學設計──基本原理與方法**。臺北市：五南。

羅鴻祥（1976）。**教學設計**。臺灣省政府教育廳，臺灣省國民教育輔導團叢書。

➥英文↩

Bloom, B. S. (1969). *Taxonomy of educational objectives-The classification of Educational goals. Handbook I: Cognitive domain.* New York: David McKay.

Krathwohl, D. R. & Bloom, B. S. & Masia, B. B. (1969). *Taxonomy of educational objectives-The classification of Educational goals. Handbook II: Affective domain.* New York: David McKay.

五南文化廣場

橫跨各領域的專業性、學術性書籍
在這裡必能滿足您的絕佳選擇！

五南全國門市

【台大店】

【逢甲店】

【海洋書坊】

【嶺東書坊】

【環球書坊】

【台中總店】

【高雄店】

【屏東店】

海 洋 書 坊：202 基 隆 市 北 寧 路 2號　TEL：02-24636590　FAX：02-2463659
台 大 店：100 台北市羅斯福路四段160號　TEL：02-23683380　FAX：02-2368338
逢 甲 店：407 台中市河南路二段240號　TEL：04-27055800　FAX：04-2705580
台 中 總 店：400 台 中 市 中 山 路 6號　TEL：04-22260330　FAX：04-2225823
嶺 東 書 坊：408 台中市南屯區嶺東路1號　TEL：04-23853672　FAX：04-2385371
環 球 書 坊：640 雲林縣斗六市嘉東里鎮南路1221號　TEL：05-5348939　FAX：05-5348940
高 雄 店：800 高 雄 市 中 山 一 路 290號　TEL：07-2351960　FAX：07-2351963
屏 東 店：900 屏 東 市 中 山 路 46-2號　TEL：08-7324020　FAX：08-7327357
中信圖書團購部：400 台 中 市 中 山 路 6號　TEL：04-22260339　FAX：04-2225823
政府出版品總經銷：400 台中市綠川東街32號3樓　TEL：04-22210237　FAX：04-2221023
網 路 書 店　**http://www.wunanbooks.com.tw**

專業法商理工圖書・各類圖書・考試用書・雜誌・文具・禮品・大陸簡體書
政府出版品總經銷・中信圖書館採購編目・教科書代辦業務

國家圖書館出版品預行編目資料

寫教案：教學設計的格式與規範／林進材，
林香河著. －－初版. －－臺北市：五南，
2012.11
　面；　公分
ISBN 978-957-11-6878-4（平裝）
1.教學方案
521.4　　　　　　　　101019985

1IWV

寫教案：教學設計的格式與規範

作　　者 ― 林進材（134.1）　林香河

發 行 人 ― 楊榮川

總 經 理 ― 楊士清

副總編輯 ― 黃文瓊

責任編輯 ― 謝麗恩　李敏華

封面設計 ― 童安安

出 版 者 ― 五南圖書出版股份有限公司

地　　址：106台北市大安區和平東路二段339號4樓

電　　話：(02)2705-5066　　傳　　真：(02)2706-6100

網　　址：http://www.wunan.com.tw

電子郵件：wunan@wunan.com.tw

劃撥帳號：01068953

戶　　名：五南圖書出版股份有限公司

法律顧問　林勝安律師事務所　林勝安律師

出版日期　2012年11月初版一刷
　　　　　2019年 2 月初版三刷

定　　價　新臺幣390元